KB076146

5
월
18
일,
맑음

5월 18일, 맑음

5·18 기념재단 기획 임광호 배주영 이민동 정수연 지음

창비

더없이 맑을, 우리의 오월을 위하여

1980년 5월 그날, 광주의 날씨는 참 맑았습니다.

하지만 그날부터 시작된 계엄군의 폭력은 수많은 사람의 목숨을 앗아 갔고, 그보다 더 많은 사람의 몸과 마음에 상처를 입혔습니다. 그날을 몸소 겪은 사람들은 하늘이 맑아서 더욱 슬펐다고 이야기할 것입니다.

그날 이후 많은 사람이 의로운 죽음을 기억하기 위해 애썼습니다. 감추어진 진실을 밝히기 위해 거친 싸움도 마다하지 않았습니다. 5월 18일부터 열흘간의 항쟁과, 그 이후 펼쳐진 모든 노력을 가리켜 5·18 민주화 운동이라고 부릅니다.

5·18 민주화 운동은 우리 사회에 많은 변화를 가져왔습니다. 군인들이 더 이상 정치에 나설 수 없는 사회, 국민들의 손으로 직접 대통령을 뽑는 사회는 물론 곳곳에 민주주의와 인권이 땅속에 단

단히 뿌리 내린 사회를 만드는 데에 큰 보탬이 되었습니다. 그날을 잊지 않고 기억한 사람들은 우리 사회를 좀 더 맑게 만들어 왔습니다.

이 책은 5·18 민주화 운동을 미래 세대와 공유하면서 더 나은 세상을 꿈꾸기 위해 만들었습니다. 5·18기념재단은 역사를 기억하고 앞으로 나아가려는 모든 청소년을 응원합니다.

5·18기념재단 이사장
이철우

이 책의 지은이들이 처음 모인 것은 2017년 여름의 끝자락, 광주광역시에 있는 5·18기념재단에서였습니다. 그 무렵 재단에서는 2008년에 만들어 쓰이고 있던 중·고등학생용 인정 교과서 『5·18 민주화운동』을 대신할 수 있는 책을 구상하고 있었습니다. 교과서보다 좀 더 친근하게 청소년에게 다가갈 수 있는 책이 있으면 좋겠다는 생각에서였지요. 중·고등학교에서 각각 역사 교사와 국어 교사로 일하고 있는 우리에게 글을 청한 것도, 우리가 청소년들을 가장 자주 만나는 사람들이기 때문입니다.

그때부터 우리의 고민이 시작되었습니다. 한국 현대사의 중요한 사건인 5·18 민주화 운동을 충실히 전달하면서도 '교과서보다 재미있는 책'에 대한 논의는 꽤 길어졌습니다. 재미와 의미 사이를 왔다 갔다 하는 동안 청소년들이 왜 이 사건을 알아야 할까, 죽음에는 어떤 의미가 있을까 같은 근본적인 질문도 주고받았습니다. 해를 넘겨서야 우리는 비로소 조심스레 글쓰기를 시작할 수 있었고 2018년 내내 원고를 다시 읽고 고치고 정리했습니다.

이 책에는 교사로서 역사적 사건을 어떻게 잘 전달할 것인가에 대한 고민과, 저자로서 어떻게 쉽고 친절하게 이야기를 건넬 것인가에 대한 고민이 모두 녹아 있습니다. 각 장마다 주제를 상징하는 그림과 인상적인 문구로 시작하는 것은 이야기에 대한 호기심을 불러일으키기 위해서입니다. 일단 이야기를 시작하면 역사적 사실들을 시간 순서에 따라 정확하고 간결하게 설명하려고 노력했습니다. 그리고 각 장 끝에는 사건과 관계있는 키워드나 세계사의 일화를 소개해서 5·18의 의미를 다각도로 보여 주고자 했습니다.

책은 1980년 5월을 전후로 크게 2부로 나뉩니다. 1부에는 사건의 배경이 되는 유신 시대와 1980년 5월 18일부터 27일까지 있었던 열흘간의 항쟁을, 2부에는 그 이후부터 현재까지 이어져 오는 '진실'과 '명예 회복'을 향한 이야기를 담았습니다. 1부에서 사건의 당사자들을 만날 수 있다면, 2부에서는 살아남은 사람들과 기억하는 사람들을 만날 수 있습니다.

역사 용어들은 교육부의 '교과서 편수 용어'를 기준으로 삼되, 어려운 한자말이나 전문 용어는 쉽게 풀어 쓰거나 따로 설명을 붙였습니다. 필요한 경우 5·18 민주화 운동을 줄여서 간단히 5·18이라고 불렀습니다.

책을 만드는 동안 많은 분이 도와주셨습니다. 충남역사교사모임의 김종민 선생님은 이 책의 기획과 자료 조사에 많은 도움을 주셨고 5·18기념재단의 고재대, 권혁민 님은 재단이 갖고 있는 자료들을 안내하고 제공해 주셨습니다. 오월어머니집은 당사자만이 알 수 있는 귀한 이야기들로, 비어 있는 역사를 채워 주셨습니다. 이재의, 김형중 선생님과 출판사 창비의 김선아 님은 원고를 꼼꼼히 살펴서 책의 완성도를 높여 주셨습니다. 도움을 주신 모든 분께 감사를 전합니다.

항쟁의 마지막 날 새벽, 시민군이 광주 시민에게 전했던 말로 독자 여러분에 대한 인사를 대신하겠습니다.

"시민 여러분, 우리를 잊지 말아 주십시오."

2019년 봄
지은이 일동

2부
오월, 역사가 되기까지

❶ 전남대학교

❸ 광주고등학교

❷ 무등경기장

❺ 광주문화방송

❹ 시외버스공용터미널

❼ 금남로

❽ YWCA

❾ 상무관

❻ 양동시장

❿ 전남도청

⓬ 도청 앞 광장

⓫ 광주적십자병원

⓭ 전남대학교병원

⓮ 광주기독병원

1부

오월 그날,

무슨 일이 일어난 걸까?

1

개나리

봄을 기다리는 마음

박정희 대통령 서거.

1979년 10월 27일 『경향신문』 호외 머리기사.

1979년, 박정희 대통령이 갑작스레 세상을 떠났습니다.
길고 긴 겨울이 끝나는 것일까,
많은 사람이 조심스레 기대를 품었습니다.

―――――――――――

"호외요, 호외요."

1970~80년대의 거리에는 신문을 한 아름 품에 안고 이런 소리를 외치며 거리를 뛰어다니는 신문팔이 소년들이 있었습니다. '호외' 신문이 나왔으니, 어서 사서 보라는 말입니다. 호외란 원래 신문이 나올 시간이 아닌데도 특별히 만들어서 뿌리는 신문을 말합니다. 제시간까지 기다리지 못하고 빨리 만들어야 했다면 그만큼 엄청난 일이 벌어졌다는 뜻이기도 하지요.

1979년 10월 27일에도 갑자기 호외 신문이 나왔습니다. 거리에서 신문을 사서 받아 든 사람들은 펼치자마자 소스라치게 놀랐습니다. 이날 『경향신문』 호외에 실린 기사는 이러했습니다.

박정희 대통령은 26일 저녁 7시 50분 서울 궁정동 중앙정보부 식당에

서 김재규 중앙정보부장이 발사한 총탄으로 서거했다.[1]

한 나라의 대통령이 하루아침에 죽다니, 그것도 오른팔이라 해도 좋을 만큼 가까운 부하의 총에 쓰러지다니 도무지 믿기 어려웠습니다. 소식은 금세 퍼졌습니다. 대통령이 없으면 이제 세상이 어떻게 되는 것일까 하는 걱정에 많은 사람이 불안해했습니다. 하지만 '겨울 공화국'이 드디어 끝났다며 조심스레 희망을 갖는 사람들도 생겨났습니다. 흔히 박정희 대통령이 집권하던 시절을 '겨울 공화국'이라고 부릅니다. 그 시절 우리나라에서는 민주주의와 인권이 꽁꽁 얼어붙었기 때문입니다.

겨울 공화국의 풍경

박정희 대통령은 4·19 혁명으로 탄생한 민주 정부를 무너뜨리고 그 이듬해인 1961년 5월 16일, 군사 쿠데타(기존의 법질서를 무시하고 총칼로 정권을 빼앗는 일.)를 일으켜 권력을 잡았습니다. 그리고 1979년까지 18년 동안 집권했습니다. 민주주의 나라에서는 4, 5년마다 선거를 치러 새 대통령을 뽑는데, 어떻게 이렇게 오랫동안 재임할 수 있었을까요?

박정희 대통령은 장기 독재를 위해 헌법을 고쳤습니다. 1969년에 세 번까지 연임할 수 있게 고쳤고, 1972년에 또 한 번 헌법을 고쳐 한 사람이 몇 번이고 대통령을 할 수 있도록 했지요. 이때에 고친 헌법을 이른바 '유신 헌법'이라고 부릅니다. 유신이란 '낡은 제도를 뜯어고쳐 새롭게 만든다'는 뜻입니다. 뜻은 좋지만 내용은 그렇지 않았습니다.

유신 헌법은 대통령의 권한을 크게 키웠습니다. 대통령이 국회의원의 3분의 1을 임명할 수 있었고 국회를 아예 해산할 수도 있었으며 '긴급 조치'를 내려서 집회의 자유 같은 국민의 기본권을 제한할 수도 있었습니다. 대통령 선거는 간접 선거로 바뀌었습니다. 대통령은 그야말로 헌법보다 더 큰 힘을 갖게 된 셈이지요. 물론 헌법은 대통령 마음대로 고칠 수 없습니다. 국민들의 의견을 물어야 하지요. 그런데 유신 헌법은 국민 투표에서 91.5%의 찬성으로 통과되었습니다. 국민들이 원해서가 아니었습니다. 부정 선거가 낳은 결과였지요.

투표장에서 나는 상상할 수 없는 일을 목격했다. (……) 투표하는 사람들은 투표함 앞에 앉아 있는 참관인에게 투표한 부분이 보이도록 투표용지를 접어 투표함에 투입하고 있었다. (……) 즉각 참관인 대표자를 불러 따졌다. '지금 공개 투표를 하고 있습니까? 비밀투표를 하고 있습니까?' 초등학교 교장인 그 참관인은 대답을 하지 못했다.[2]

(백동림, 당시 군인)

유신 헌법에 반대하고 나선 사람들은 곧바로 탄압을 받았습니다. 수많은 정치인이 감옥에 갔혔고, 정부를 비판한 언론인이나 대학 교수는 하루아침에 직장에서 쫓겨났습니다. 시위를 하던 대학생들은 경찰에 끌려가거나 퇴학당했습니다. 경찰에 끌려간 사람 중에는 혹독한 고문을 당하거나 억울하게 '빨갱이'(공산주의자를 낮추어 부르는 말.)로 몰려 사형당한 이들도 있었습니다. 의문의 죽음도 연이어 일어났습니다.

평범한 시민들도 끊임없이 감시를 받았습니다. 골목 어귀마다 무장한 경찰이나 사복을 입은 형사와 군인 들이 늘어서서는 시도 때도 없이 신분증을 보여 달라며 검문을 하는 통에 시민들은 그저 길을 가거나 친구를 만날 때마저 긴장해야 했습니다.

KBS 텔레비전 엔지니어 한 사람은, 어느 날 소주 한잔 걸치고 택시를 타고 집에 돌아가는 길에 차 안에서 객기를 부렸다. '유신은 무슨 놈의 유신이야, 독재지!' (······) 결국 그는 취중에 말 한마디 잘못한 것이 화근이 되어 직장까지 잃게 되었다.[3]

(박창학, 방송인)

유신 헌법의 나라, 유신 공화국에서 대통령 박정희는 국민들의 행동이나 생각까지 통제하려 들었습니다. 야간 통행금지를 계속

실시해서 밤 12시부터 다음 날 새벽 4시까지는 거리를 지나다니지 못하게 했지요. 자정이 가까워지면 경찰들이 골목을 뒤졌고 미처 집에 가지 못한 사람들은 경찰서에 끌려가지 않기 위해 실랑이를 벌였습니다.

미니스커트를 입거나 머리를 기르는 것도 마음대로 할 수 없었습니다. 시내 곳곳에 경찰들이 쪼그리고 앉아 지나가는 여성들의 무릎 위를 자로 쟀습니다. 치마 끝단과 무릎 사이의 길이가 15센티를 넘으면 '퇴폐풍조'라며 처벌했습니다. 남성들은 옆머리가 귀를 덮거나 뒷머리가 옷깃을 덮을 경우 또는 파마를 한 경우 경찰이 강제로 머리를 잘랐습니다.

노래도 마음대로 부를 수 없었습니다. 정부는 온갖 이유를 들어 여러 가요를 금지곡으로 지정했습니다. 가수 한대수가 부른 「물 좀 주소」라는 노래는 '물고문을 연상시킨다'는 이유로, 이금희의 「키다리 미스터 김」은 '키가 작은 대통령의 심기를 불편하게 한다'는 어처구니없는 이유로 금지곡이 되었습니다.

책도 편히 읽을 수 없었습니다. 카를 마르크스의 『자본론』은 공산주의 책이라는 이유로, 제주 4·3 사건을 다룬 현기영의 소설 『순이 삼촌』은 사회의 안정을 해친다는 이유로 금서가 되었습니다. 수많은 책과 잡지가 금서가 되면서 많은 출판사가 문을 닫아야 했습니다.

학교도 예외는 아니었습니다. 국민들을 억누르기 위해 만든 긴

급 조치 4호에 따르면 "정당한 이유 없이 출석·수업·시험을 거부하는 자"는 최고 사형에 처해질 수 있었고 이런 학생이 있는 학교는 폐교도 할 수 있었습니다.

고등학교는 점점 군대처럼 되어 갔습니다. 학생회가 없어지고 그 대신 '학도 호국단'이 만들어졌습니다. 반장은 소대장, 전교 학생 회장은 연대장이 되었습니다. 군사 훈련을 받아야 하는 '교련' 과목도 새로 만들어졌습니다. 아침마다 교문에서 복장과 두발 검사를 했고 조금만 잘못해도 체벌이 이어졌습니다.

대통령 박정희의 집권 기간 내내 국민들은 자유와 인권을 제대로 누리지 못했습니다. 그랬던 터라 1979년, 훗날 10·26 사태라 불린 박정희의 죽음은 이 길고 긴 겨울 공화국이 마침내 끝나리라는 희망을 갖게 했습니다.

그러나 희망은 오래가지 못했습니다. 더욱 매섭고 차가운 회오리바람이 불어오고 있었습니다.

되살아나는 악몽

대통령의 갑작스러운 죽음 이후, 정부는 혼란을 수습하기 위해 바쁘게 움직였습니다. 최규하 국무총리는 10월 27일 새벽 4시를 기해 제주도를 제외한 전국에 비상계엄령(계엄이란 전쟁이나 그에 버

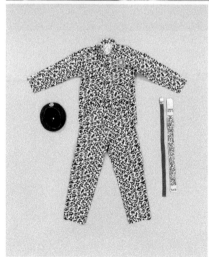

(위) 1975년, 10월 유신 3주년을 맞아
열린 기념식.
(아래) '교련' 과목 수업 때 학생들이
입었던 교련복.

금가는 국가 비상사태가 생겼을 때 군대로 권력을 모으고, 헌법에 보장된 국민의 기본권을 제한할 수 있는 법 제도이다.)을 내리고 정승화 육군참모총장을 계엄사령관으로 임명했습니다. 뒤이어 대통령의 죽음에 얽힌 진상을 밝히기 위한 '합동수사본부'가 꾸려졌고 전두환 국군보안사령관이 본부장이 되었습니다. 합동수사본부는 단지 사건 조사만 하는 것이 아니라 막강한 권한을 갖고 군대와 중요 정보기관을 통솔했습니다.

전두환은 유신 시절 군부에서 가장 큰 사조직으로 성장한 '하나회'의 중심인물이었습니다. 육군사관학교 11기 동창인 전두환과 노태우 등을 중심으로 뭉친 하나회 군인들은 박정희의 지원 아래 주요한 자리를 독차지하면서 세력을 키워 갔습니다. 그러던 중에 10·26 사태가 일어나 권력 서열 1위인 대통령이 암살당하고, 서열 2위였던 중앙정보부장과 대통령 경호실장도 체포되거나 사망한 것입니다. 권력의 빈자리를 채울 새로운 중심으로 하나회와 전두환이 떠올랐습니다. 일본 『산케이신문』은 1979년 11월 2일자 기사에서 "전두환 합동수사본부장이 현재 한국을 지배하고 있는 군부 내에서 가장 강력한 인물로 보는 견해가 거의 굳어 가고 있다." 라고 보도했습니다.

전두환과 신군부(박정희 정권 시절의 군부와 구분하기 위해 신군부라고 부른다.)의 야심은 금세 드러났습니다. 1979년 12월 12일 수요일 오후 6시, 서울 시내에 갑자기 무장한 군인들과 탱크가 나타났습니다. 하나회 소속 군인들과 그들이 지휘하는 군대였습니다. 이들의 목적은 평소 하나회를 좋지 않게 생각하던 계엄사령관 정승화를 끌어내리고 권력을 손에 넣는 것이었습니다. 계엄사령관은 12월 6일 새롭게 취임한 최규하 대통령에 다음가는 권력자였습니다. 육군참모총장이기도 한 그를 제거하지 못하면 권력을 잡을 수 없었습니다.

전두환 합동수사본부장은 정승화 계엄사령관이 대통령 시해 사건에 연루된 의혹이 있다며 체포했습니다. 곧이어 다음 날 새벽에는 총격전을 벌이며 국방부와 육군 본부까지 점거했습니다. 그러고는 최규하 대통령에게 계엄사령관을 강제로 끌고 간 것, 대통령의 명령 없이 군대를 움직인 것에 대해 승인을 받아 냈습니다. 승인을 받음으로써 자신들이 벌인 불법 행위를 대통령의 명령에 따른 정당한 행위로 꾸미면서, 동시에 대통령마저 허수아비로 만들려 한 것입니다. 대통령 자리에 오른 지 일주일도 채 지나지 않았던 최규하는 마지못해 승인했습니다.

이로써 대한민국의 권력은 전두환과 신군부의 손에 넘어가고 말았습니다. 12월 12일에 일어났다고 해서 이 사건을 '12·12 사태', 혹은 '12·12 군사 반란'이라고 부릅니다. 1961년 5월 16일 육군 소장 박정희가 그랬던 것처럼, 그의 부하였던 군인 전두환도 쿠데타로 군사 권력을 잡았습니다. 12·12 군사 반란은 단 하룻밤 사이에 벌어지다 보니 국민들은 전혀 눈치 채지 못했습니다. 그러나 불과 한 달여 전, 18년의 군사 독재를 끝낸 대한민국에 또다시 악몽이 되살아나고 있었습니다.

짧았던 봄

해가 바뀌어 1980년 봄이 되었습니다. 꽃이 피어났고 휴교령이 내려졌던 대학들도 다시 문을 열었습니다. 신입생이 들어왔고 쫓겨났던 학생들과 교수들도 학교로 돌아왔습니다.

4월 중순이 되자 전국의 각 대학에서는 총학생회가 부활했습니다. 대학생들은 군사 훈련을 거부하는 운동을 펼쳤습니다. 회사에서는 노동자들이 사람답게 살고 싶다고 요구하는 등 사회 곳곳에서 다양한 움직임이 일었습니다. 유신 정권이 무너지면서 그동안 억눌려 있던 불만들이 한꺼번에 터져 나오기 시작한 것입니다.

그러나 마냥 기대를 품기에는 돌아가는 상황에 대한 걱정을 떨칠 수 없었습니다. 정치인 김종필은 기자들에게 당시 상황을 '안개'로 표현했습니다.

한국에는 지금 봄이 오고 있다. 그러나 아직은 꽃이 피어날 봄인지, 겨울 속으로 되돌아갈 봄인지 알 수가 없다. '춘래불사춘(春來不似春)'의 정국이다. (……) 안개가 가득 끼어 있어 앞이 잘 보이지 않고 있다. 안개 정국

이라고나 할까.[4]

5월이 되자 대학생들은 본격적으로 민주주의를 요구하는 행동에 나섰습니다. 5월 10일 고려대에서 전국 23개 대학의 학생 대표가 모여 '비상계엄 즉각 해제'와 '전두환 등 유신 잔당 퇴진'을 요구하기로 뜻을 모았습니다. 그리고 13일, 서울 광화문 일대에서 학생들이 거리 시위에 나섰습니다. 이튿날 정오에도 서울 시내 대학생 7만여 명이 거리에서 '비상계엄 해제하라.' '전두환은 물러가라.' 등을 외쳤습니다.

학생들의 민주화 요구 열기는 날이 갈수록 더욱 뜨거워져서 5월 15일에는 학생 10만여 명이 서울역 앞 광장을 가득 메웠습니다. 시내 곳곳에서 학생들과 경찰들이 충돌했습니다. 조마조마한 상황이 이어졌습니다.

그날 밤 8시 30분 무렵 서울역 집회를 이끌던 대학 총학생회 지도부는 고민 끝에 집회 해산을 알렸습니다. 시위 진압에 군대가 투입될 가능성이 높아진 데다 깜깜한 밤에 군인들과 충돌하는 것은 무모하다고 판단한 것입니다. 일단 흩어진 뒤 학교로 돌아가 정부의 답변을 기다려 보고, 만약 휴교령이 내리면 다시 싸우자고 제안했습니다. 이 결정에 따라 10만여 명의 학생이 썰물처럼 빠져나갔습니다. 이를 '서울역 회군'이라 부릅니다.

학생들이 되돌아간 뒤 맞이한 16일과 17일은 잠시 평온했습니다. 하지만 17일 밤, 총을 든 경찰과 공수 부대가 일제히 전국의 대학을 기습해서 학생회 간부들을 체포했습니다. 신군부가 권력을 잡는 데 걸림돌이 될 만한 정치인들과 사회 인사들도 강제로 끌고 갔습니다. 군인들은 군화를 신은 채 안방에 들어가 권총을 들이대기도 했습니다.

이날 밤 9시 50분, 여의도에서는 국무 회의가 열렸습니다. 회의장 바깥을 군인들과 장갑차가 둘러쌌고 회의장 안 복도에도 군인들이 늘어섰습니다. 전화선도 모두 끊겼습니다. 살벌한 분위기 속에서 열린 회의는 토론도 없이 미리 준비한 비상계엄 전국 확대만 의결하고는 8분 만에 끝났습니다. 최규하 대통령은 17일 자정을 기해 비상계엄 전국 확대를 선포했습니다. 18일 새벽 1시, 계엄군의 장갑차가 국회 의사당을 차지했습니다. 전국 대학에는 다시 휴교령이 내렸습니다.

1980년 5월, 짧았던 민주화의 봄이 그렇게 끝났습니다.

겨울 공화국에는 또 다른 얼굴이 있습니다. '경제 발전'이라는 얼굴입니다. 1960년대부터 1970년대까지는 우리나라 경제가 크게 발전한 시기이기도 합니다. 자고 나면 빌딩과 공장이 들어서고 길이 새로 뚫렸습니다. 대통령이 나서서 수출 100억 달러를 달성한 기업과 노동자 들을 '산업 역군'이라며 격려했고 길거리에는 "우리도 한번 잘살아 보세"라는 노래가 끊임없이 흘러나왔습니다. '한강의 기적'이라 불린 성장에 대해 『뉴욕타임스』 기자 헨리 스콧 스토크스는 한국은 "영국이 150년이나 걸려 이룩한 일들을 15년 동안에 해내고 말았다."[5]라며 놀라워했습니다.

그런데 눈부신 경제 성장의 뒤에는 노동자들의 눈물이 있었습니다. 먹고살기도 빠듯한 집안에서 태어난 많은 사람이 '숟가락 하나 덜어 낸다'는 생각으로 도시로 몰려들었습니다. 초등학교를 겨우 졸업하거나 중학교를 중퇴하고 올라온 이들이 찾은 일은 날품을 팔거나 수출이 잘되는 봉제나 의류 공장에서 '시다'(일본어로 수습이나 조수를 뜻하는 말.)가 되는 것이었습니다.

공장 생활은 비참했습니다. 새벽별을 보며 출근해서 한밤중에 퇴근하는 이들이 노동의 대가로 받은 월급은 겨우 입에 풀칠이나 할 수준이었습니다. 당시 노동자들의 생활을 잘 드러낸 조세희의 소설 『난장이가 쏘아올린 작은 공』에는 이들의 삶이 이렇게 묘사되어 있지요.

"우리 다섯 식구는 지옥에 살면서 천국을 생각했다. 단 하루도 천국을 생각해보지 않은 날이 없었다. (……) 우리의 생활은 전쟁과 같았다."[6]

이런 상황에서 많은 노동자가 권리를 찾고 처지를 개선하기 위해 애썼습니다. 1970년 11월 서울 청계천 인근의 평화시장에서 재단사로 일하던 스물두 살 청년 전태일은 "근로 기준법을 준수하라. 우리는 기계가 아니다!"라고 외치며 자신의 몸을 불태웠습니다. 그가 죽기 전 대통령에게 쓴 편지에는 당시 노동자들의 비참한 삶과, 한 달에 나흘만이라도 쉬고 싶다는 소박하지만 간절한 소망이 담겨 있습니다.

15세의 어린 시다공들은 일주 98시간의 고된 작업에 시달립니다. (……) 일요일마다 휴일로 쉬기를 희망합니다. (……) 절대로 무리한 요구가 아님을 맹세합니다. 인간으로서의 최소한의 요구입니다.[7]

그러나 "내 죽음을 헛되이 하지 말라."라던 전태일의 절규에도 불구하고 커피 한잔 값에 지나지 않았던 여공들의 시급은 그 뒤로도 크게 달라지지 않았습니다. 화장실을 들락거리면 작업 능률이

서울 청계천의 버들다리 위에 세워진 전태일 기념상.

떨어진다며 국도 주지 않는 식사도 계속되었지요.

　노동자의 권리를 외치는 이들에 대한 탄압도 여전했습니다. 1978년 인천에 있던 동일방직이라는 회사에서는 노동조합 대표를 뽑는 선거를 치르려 했다는 이유로 여성 노동자들에게 똥물을 뿌리고 몽둥이를 휘둘렀습니다. 경찰은 이 경악스러운 사건을 모른 체했고 회사는 노동자들을 해고한 뒤 이들이 다른 회사에 취업하는 것마저 방해했습니다.

　당시 이 회사에서 일했던 노동자들은 호소문에서 이렇게 절규했습니다.

추운 겨울날 눈 코 입 귓속으로 스며드는 똥물을 뱉으며 우리는 부둥켜 안고 가슴 아프게 울었습니다. 이 넓고 찬란하다는 사회를 향해 순수한 꿈을 키우는 어린 나이의 저희들이 우리도 인간이라고 외친 것이 똥을 뒤집어써야 할 만큼 큰 잘못일까요?[8]

경제 개발에 매달리던 유신 공화국에서 많은 노동자는 쓰고 버려지는 한낱 기계 부속품처럼 대우받았습니다.

그런데 이런 암울한 시대에도 이런 말을 하는 사람이 있었습니다.

"민주주의가 밥 먹여 주냐?"

이 말 속에는 '당장 먹고살기도 힘든데 민주주의와 인권이 무슨 필요가 있어? 경제 성장이 최고지.'라는 냉소가 스며 있습니다. 끼니조차 때울 수 없는 지경이니, 민주주의 같은 추상적인 가치보다는 독재를 하더라도 당장 배고픔을 면할 수 있는 한 그릇의 밥을 만드는 것이 더 중요하다는 생각이지요. 이는 대통령 박정희의 생각이기도 했습니다. 1962년에 펴낸 책 『우리 민족의 나갈 길』에서 이렇게 이야기했지요.

민주주의라는 빛 좋은 개살구는 기아와 절망에 시달린 국민 대중에게는 너무나 무의미한 것이다.[9]

자유와 인권을 존중하는 서구의 민주주의란, 우리에게는 마치 몸에 맞지 않는 옷과 같다고 본 것이지요.

민주주의는 국민이 나라의 주인이 되는 것입니다. 이는 모든 인간은 존엄하다는 생각을 바탕으로 합니다. 누구도 부당한 간섭이나 통제를 받지 않고 자유롭고 평등하게 살아야 한다는 생각이지요. 그것은 가난한 나라의 국민이든, 부자 나라의 국민이든 다르지 않습니다. 가난한 나라의 국민이라고 해서 덜 존엄하거나 인권이 적은 것은 아닙니다.

또한 국가의 그 누구에게도 국민의 인권을 마음대로 줄일 권리는 없습니다. 대통령일지라도 예외는 아닙니다. 국가의 모든 권력은 국민이 만든 법에서 나오고 국민은 누구나 그 법의 지배를 받기 때문입니다. 대통령 역시 국민의 한 사람이며 그가 가진 권력은 국민들에게 잠시 위임받은 것일 뿐입니다.

유신 공화국에 살던 사람들이 바란 민주주의는 그렇게 추상적인 것이 아니었습니다. 권력자의 눈치를 보지 않고 좋아하는 노래를 부르는 것, 미니스커트를 입는 것 같은 사소한 일부터 소신대로 신문 기사를 쓰고 양심에 따라 재판을 하는 것, 일한 만큼 대가를 받는 것 같은 작지만 소중한 자유와 권리를 지키고자 했지요.

2

군화

화려한 휴가,
비극의 광주

정태는 그 군인들이 공수 부대원들이라고 했다.
가슴에 날개 달린 흰말 표식을 붙인 건 공수 부대가 확실하다면서.
명수는 정태 말을 믿지 않았다.
어린이날 행사할 때 공수 부대가 하늘에서 낙하산을 타고
오색 연기를 뿜으면서 멋지게 내려오는 걸 텔레비젼에서 봤다.
그런 멋진 군인들이 사람을 팰 리 없었다. 그런데 정태 말이 맞았다.[10]

김해원 『오월의 달리기』 중에서

공수 부대에 두들겨 맞고, 쫓기고, 죽어 가면서도
광주 시민들은 왜 이런 끔찍한 일을
당해야 하는지 그 이유를 알지 못했습니다.

1980년 5월 광주에서도 서울에서처럼 신군부에 반대하고 민주주의를 외치는 시위가 열렸습니다. 5월 8일 전남대학교 교정에서 시작된 시위인 '민족 민주화 성회'는 14일에 이르러 거리 시위로 이어졌습니다. 많은 학생과 시민이 전남도청(당시 광주는 전라남도 소속으로 도청이 광주에 있었다.) 앞에 모여 "비상계엄 해제" "전두환 퇴진" 등을 소리 높여 외쳤습니다. 대학생뿐만 아니라 교수, 직장인, 심지어 고등학생까지 참가했습니다.

15일부터 대학 교수들은 큰 태극기를 들고 앞에 섰는데 그 모습은 마치 독재를 펼치던 이승만 대통령을 몰아낸 1960년의 4·19 혁명 때와 비슷했지요. 도청 앞에서 집회를 마친 시위대는 횃불을 들고 광주 시내를 행진했습니다. 횃불 행진은 질서 정연하고 평화로웠습니다. 안병하 전라남도 경찰국장은 이 시위가 정당하다고 생각했기 때문에 경찰에게 강제로 해산시키지 말라고 지시하기도 했지요. 행진이 끝난 후 사람들은 쓰레기를 주우며 뒷정리까지 깨끗하게 했습니다. 시위는 16일까지 계속되었습니다.

아름다운 약속

시위 마지막 날인 16일, 전남대학교 총학생회장 박관현은 신군부가 대학생들의 시위를 탄압하려고 휴교령을 내린다면 바로 그 다음 날 오전 10시에 전남대 정문이나 전남도청 앞 광장에서 모이자고 제안했습니다. 아니나 다를까, 우려했던 대로 17일에 휴교령이 내려졌습니다. 이튿날인 18일 오전 10시에 학생들은 그 약속을 지켜 전남대 정문으로 모여들었습니다.

그런데 그날 아침 전남대 정문에는 공수 부대 군인들이 살벌한 분위기를 풍기며 학생들의 출입을 막고 서 있었습니다. 학생들은 큰소리로 항의했고 몇몇은 돌멩이를 던지기도 했지요. 어느새 정문 앞의 학생 수는 200여 명으로 불어났습니다. 이들은 한목소리로 "학교 출입 보장하라." "군인들은 물러가라." 등의 구호를 외쳤습니다.

어느 순간, "돌격!"이라는 명령과 함께 공수 부대가 무서운 기세로 학생들에게 달려들었습니다. 뜻밖의 상황에 놀란 학생들은 우

(위·아래) 1980년 5월 전남대학교를 비롯해 광주 시내에서 열린 시위. 많은 학생과 교수가 중심이 되어 민주주의를 외쳤다.

5·18 민주화 운동 전경화 중 제2화 「햇불로 조국의 미래를 밝히다」.
(사)아시아역사문화연구원 제작 2010.

왕좌왕하며 달아나기 시작했지요. 미처 도망치지 못한 학생들에게는 공수 부대의 곤봉이 사정없이 날아왔습니다. 공수 부대는 시위를 진압할 때 허리 아래 급소가 아닌 곳만 가격하도록 되어 있는 지침을 무시하고 머리, 팔, 다리 할 것 없이 가리지 않고 두들겨 팼습니다. 많은 학생이 피를 흘리며 쓰러지거나 어디론가 끌려갔습니다. 이것은 광주 시민들이 앞으로 겪게 될 처참한 비극의 예고편이었습니다.

공수 부대의 폭력에 밀려난 학생들은 이 사실을 시민들에게 알리기 위해 시내로 나갔습니다. 전남대와 가까운 광주역과 광주공용버스터미널을 거쳐 광주 최대의 번화가인 금남로의 전남도청 광장 쪽으로 행진했지요.

"비상 계엄령 해제하라."

"전두환 물러가라."

목이 터져라 외치는 대학생들을 보면서 시민들은 무언가 심상치 않은 일이 벌어졌음을 직감했습니다. 이때만 해도 시민들은 시위에 적극적으로 나서지는 않았습니다. 그저 인도에 서서 학생들을 지켜보았습니다. 대체 무슨 일인지 잘 몰랐기 때문이었지요. 하지만 채 몇 시간도 지나지 않아 시민들 역시 무슨 일이 벌어지고 있는지 두 눈으로, 아니 온몸으로 확인하게 됩니다.

전원 체포하라

오후 3시 40분경, 금남로로 이어지는 유동삼거리에 공수 부대가 나타났습니다. 전남대에 있던 공수 부대 일부가 광주 시내로 들어온 것이지요. 공수 부대는 유동삼거리에서 450미터 정도 떨어져 있던 시위대에 저벅저벅 접근하기 시작했습니다. "시위대는 해산하라."라는 경고 방송이 나온 지 1분이 지났을까, 공수 부대의 스피커에서는 이런 명령이 울려 나왔습니다.

"거리에 나와 있는 사람 전원 체포하라."[11]

놀랍게도 체포 대상은 '시위대'뿐만 아니라 거리에 나와 있는 사람 전부였습니다. 그 명령과 동시에 공수 부대가 함성을 지르며 달려들었습니다. 학생으로 보이는 젊은이들은 물론이고, 시위를 구경하고 있었거나 우연히 그 길을 지나던 시민들까지 군홧발로 걷어차고, 박달나무로 특수 제작된 곤봉으로 때렸습니다. 군인들은 지나가던 시내버스를 멈추고 승객들을 폭행하는가 하면, 시민들의 체육 대회가 열리고 있던 인근 고등학교까지 들어가 무차별적으로 폭력을 휘둘렀습니다. 사방에서 피가 튀었고 사람들의 비명 소리가 들려왔습니다. 자기 집 대문 앞에서 젊은이를 폭행하는 군인을 말리던 사람도, 두들겨 맞다 옷이 찢긴 여성에게 자기 옷을 덮어 주려던 사람도 심하게 구타를 당했습니다. 공수 부대는 시위대를 해산시키는 것보다 폭력 그 자체가 목적인 것처럼 보일 정도였습니다.

경악스럽게도 공수 부대는 총에 꽂힌 대검으로 사람들을 찔러댔습니다. 군인들이 총에다 칼을 꽂고 싸워야 할 때는 어떤 상황일까요? 총알이 떨어졌거나 적군이 눈앞에 있는 아주 위급한 상황이겠지요. 그런 상황에서나 써야 할 대검을 공수 부대는 학생 시위대에게 사용한 것입니다.

시민들을 그저 무찔러야 하는 적으로만 보는 듯한 공수 부대의 잔혹한 폭력은 결국 죄 없는 시민을 죽음으로 내몰고 말았습니다. 최초의 사망자는 김경철, 24세, 청각 장애인이었습니다. 딸의 백일잔치를 마친 뒤 외출을 했다가 집으로 돌아가던 그에게 갑자기 군인들의 곤봉과 군홧발이 쏟아졌습니다. 듣거나 말할 수 없는 장애인임을 필사적으로 표현하며 두 손으로 빌었지만 아무런 소용이 없었지요. 결국 병원으로 실려 간 김경철 씨의 몸은 19일 새벽에 싸늘하게 식어 버렸습니다.

공수 부대는 무자비한 폭력으로 한두 시간 만에 시민들을 공포로 몰아넣은 다음 광주 중심가를 장악했습니다. 체포된 시민들은 속옷만 겨우 걸친 채 공수 부대에게 기합을 받은 뒤 군용 트럭에 실려 어디론가 끌려갔습니다. 18일 하루 동안 체포된 사람만 최소 400명이 넘었습니다.[12]

시민들이 사라진 시내에는 여기저기 핏자국과 함께 무거운 적막이 감돌았습니다. 공수 부대의 만행을 직접 보았거나, 전해 들은 사람들은 떨리는 가슴을 애써 누르며 가족과 친구들의 안부, 혹은 생사를 분주하게 확인했습니다.

의도된 폭력

믿기 힘들 정도로 잔인했던 공수 부대의 폭력에 대해 전두환과 신군부는 후에 일부 시민들의 "과격 시위"를 막는 과정에서 우발적으로, 즉 의도치 않게 벌어진 "과잉" 진압이었을 뿐이라고 주장했습니다. 하지만 나중에 밝혀진 사실들은 이 주장이 터무니없고 구차한 변명임을 보여 줍니다. 이날의 폭력은 미리 준비된 것이었습니다.

신군부는 5월 18일 이전부터 광주를 비롯한 주요 지역에 계엄군으로 공수 부대를 파견해 강하게 진압하겠다는 계획을 세우고 있었습니다. 공수 부대는 원래 전략적으로 중요한 곳에 낙하산 등을 타고 침투하여 적군에 맞서 싸우는 군인들입니다. 국가 최정예 부대 중 하나라고 할 수 있지요. 그런 공수 부대를 자기 나라 국민들을 진압하는 데에 투입할 계획을 세운 것입니다. 그래야 할 만큼 긴급한 '폭동'의 낌새는 광주에서 전혀 찾아볼 수 없었습니다. 앞서 이야기했던 민족 민주화 성회 역시 경찰과의 충돌도 없이 평화롭게 진행되었습니다. 공수 부대의 투입에는 아무런 정당성이 없었습니다.

먼저 폭력을 휘두른 것도 공수 부대였습니다. 18일 새벽에 광주에 도착해 주요 대학에 자리 잡은 공수 부대는 학생회 간부뿐만 아니라 도서관에서 공부하고 있던 학생들까지 마구 구타하며 끌고 갔습니다. 시위에 나서지 않은 시민들에게도 폭력을 휘둘렀다는 사실만 보아도 당시 공수 부대의 폭력이 과격 시위를 막으려다 우연히 나온 것이라는 주장에는 전혀 설득력이 없습니다.

게다가 전두환과 신군부는 이미 몇 달 전인 1980년 2월부터 주로 공수 부대를 대상으로 이른바 '충정 훈련'이라는, 강도 높은 폭동 진압 훈련을 했습니다. 자신들이 앞으로 권력을 잡는 과정에서 국민들의 저항이 거세지면 신속하게 진압하기 위해서였지요.

충정 훈련은 매우 가혹했습니다. 이 훈련을 받는 동안 군인들은 약 석 달 동안 외출이나 외박이 금지되었습니다. 개인적인 욕구가 철저하게 통제된 상황에서 인간의 한계를 시험하는 듯한 훈련을 받았지요. 광주에 투입되기 며칠 전부터는 이상한 정신 교육까지 받았습니다. "광주에서 소수의 '빨갱이'들이 반란을 일으켰다." "시위대는 모두 '빨갱이'니 때려잡아야 한다."[13]라며 이 혹독한 훈련은 국가를 지키기 위한 것이라고 세뇌했지요.

고된 훈련으로 날카로울 대로 날카로워진 공수 부대원들은 자신도 모르는 사이에 시민들에 대해 적개심을 키워 갔습니다. 말 그대로 '악에 받친' 상태에서 광주 시민과 맞닥뜨린 공수 부대는 야수와 같은 폭력을 휘둘렀습니다. 공수 부대의 광주 진압 작전은 흔히 '화려한 휴가'라는 별칭으로 불리곤 합니다. 잔혹한 폭력에 대비되는, 아이러니한 표현이지요.

신군부는 광주 시민들의 저항이 다른 지역으로 퍼지기 전에 미리 그 싹을 잘라 내고자 했습니다. 무시무시한 폭력을 보여 줌으로써 극도의 공포심을 불러일으켜 저항할 마음조차 먹지 못하도록 만들려 했지요. 하지만 이러한 신군부의 계산은 철저하게 빗나가게 됩니다.

'어? 이 사람들은 우리나라 군인이 아닌가?' 하는 생각이요. 저는 그 사람들이 다른 나라 군인일 거라고 생각했어요. 우리나라 군인은 좋은 사람들이라고 배웠고, 그렇게 믿었으니까요.[14]

5·18 당시 열세 살이었던 김정중 씨는 공수 부대의 폭력을 목격했을 때 받은 충격을 이렇게 회상했습니다. 그는 왜 공수 부대를 보고 '우리나라 군인'이 아닐 것이라 생각했을까요? 제 나라 국민에게 잔인한 폭력을 휘두르는 것이 군대가 할 일이라고는 단 한 번도 생각해 보지 않았기 때문이겠지요. 대다수의 평범한 사람들은 군대는 국민을 지키기 위해 존재한다고 믿습니다.

국가가 '폭력'을 사용하는 것 자체는 이상한 일이 아닙니다. 국가는 범죄를 예방해야 하며, 범죄가 발생했을 때 신속하게 해결해야 합니다. 필요하다면 범죄자를 감옥에 가두어야 합니다. 또한 외국이 군사적으로 위협할 때 이를 물리칠 수 있는 실력도 가지고 있어야 하지요. 이처럼 국가가 국민의 행복과 안전을 보장하기 위해 국민들에게 그 사용을 허락받은 합법적인 폭력을 공권력이라고 합니다. 경찰과 군대는 공권력을 집행하는 대표적인 기관입니다.

그러면 언제 이 공권력을 써야 할까요? 그 답은 대한민국 헌법 제1조에 있습니다.

"대한민국은 민주 공화국이다. 대한민국의 주권은 국민에게 있고, 모든 권력은 국민으로부터 나온다."

경찰이든 군대든 공권력을 사용하는 것은 오로지 주권자인 국민의 동의를 얻어, 국민을 보호하기 위해서일 때만 정당한 일이 될 수 있습니다. 그러라고 국민들이 세금을 내고 있는 것이지요. 그런데 국민의 동의 없이 개인적인 이익이나 욕심을 채우려고 공권력을 써서 국민들을 희생시킬 때 우리는 그것을 국가가 휘두르는 폭력이라 해서 '국가 폭력'이라 부릅니다.

안타깝게도 해방 이후 우리 역사에는 국가 폭력에 시달린 시민이 많았습니다. 특히 억지로 권력을 유지하려 했던 독재 정권 시기에 많은 사람이 희생되었지요. 독재 정부의 권력자들은 자신들에게 맞서는 사람들을 탄압하기 위해 이들을 '불순한 세력'으로 몰아붙이는 일도 서슴지 않았습니다. 이승만과 박정희 정권 시기에 적지 않은 사람이 '간첩'으로 몰려 감옥에 갇히고, 고문당하고, 죽어 갔습니다. 전두환의 신군부 역시 마찬가지였지요. 신군부는 광주 시민들을 북한에서 내려온 간첩에 선동된 '폭도', 북한의 지령을 받은 '빨갱이'라고 멋대로 불렀습니다. 그러면서 국가 폭력을 정당한 일처럼 꾸몄지요.

비민주적인 정부일수록 시민들의 강력한 저항에 부딪힐 수밖에

없습니다. 국가 폭력은 민주주의를 지키려는 시민들을 억누르는
데에 이용된다는 점에서 민주주의에 대한 공격이라고도 말할 수
있습니다. 신군부의 명령을 받은 공수 부대의 폭력은 광주 시민들
에 대한 공격이면서 동시에 민주주의에 대한 공격이었습니다.

3

차량 시위

시민군의
등장

민주 기사들이 드디어 봉기했다.[15]

학생들에서 시작하여 회사원, 막노동자, 운전기사,
상인, 중국집 배달원, 아기 업은 할머니, 심지어 건달에 이르기까지
다양한 시민들의 무모하고도 외로운 싸움이 시작되었습니다.

———————————

 월요일은 짧은 휴일을 뒤로한 채 일상을 다시 시작하는 날입니다. 1980년 5월 19일도 월요일이었습니다. 휴교령이 내린 대학교를 빼고 초·중·고등학교 학생들은 여느 때처럼 등교했고, 회사원들도 출근했습니다. 하지만 바로 어제, 공수 부대의 만행을 겪은 시민들에게 이날의 공기는 평소보다 훨씬 무거울 수밖에 없었습니다. 사람들은 모이기만 하면 공수 부대 이야기를 나누며 분통을 터뜨렸습니다. 시민들의 분노는 금세 공수 부대의 뒤에 있는 신군부로 향했습니다.

 충격과 공포가 진정되지 않은 시민들은 아침 일찍부터 금남로로 모이기 시작했습니다. 오전, 금남로에 모인 인파는 어느새 수천 명이 되었습니다. 시민들은 "내 새끼 내놔라." "공수 부대 물러가라." "전두환은 물러가라." 등의 구호를 외치면서 「애국가」「우리

의 소원은 통일」 등의 노래를 함께 불렀습니다.

사람들이 늘어나자 잠시 물러나 있던 공수 부대가 다시 나타났습니다. 역시나 공수 부대는 시위대에 가차 없이 곤봉과 대검을 휘둘렀습니다. 또다시 많은 시민이 피투성이가 된 채 병원으로 실려 가거나, 연행되거나, 어딘가에 버려졌습니다.

공수 부대는 한층 더 잔혹하고 무차별적이었습니다. 이성을 잃은 듯 사무실이나 주택, 여관까지 마구 들어가 곤봉으로 때리고 대검으로 찔렀습니다. 여기저기서 사람들이 잡혀 오면 남녀를 가리지 않고 속옷만 입게 한 채 마치 군대에서 하듯 '뒤로 취침' '앞으로 취침' '좌로 굴러' '우로 굴러' 등을 시키며 기합을 주었지요. 따라 하지 않거나 조금이라도 구령에 늦을 경우 여지없이 곤봉을 휘둘렀습니다. 가톨릭 사제조차 "옆에 총이 있었다면 쏴 버리고 싶은 심정이었다."[16]라고 느낄 지경이었습니다. 공수 부대와 함께 시위 진압을 맡은 경찰 간부마저 시위대에게 "제발 집으로 돌아가라, 공수 부대에게 걸리면 다 죽는다."[17]라며 울먹였지요. 당시 광주에서 취재하던 『동아일보』 기자 김충근은 이렇게 토로했습니다.

기자로서는 이 같은 행위를 적절히 표현할 단어를 찾을 수 없었다. 만행, 폭거, 무차별 공격 등의 단어는 너무 밋밋해 도저히 성에 차지 않았다.[18]

광주 시내로 진입해 시민을 폭행하는 군인.

잔인한 폭력, 격렬한 저항

공수 부대는 어제보다 더 잔인해졌습니다. 그런데 달라진 것이 있었습니다. 공수 부대와 마주한 시민들의 태도입니다. 아무 죄 없는 사람들이 구타당하고 끌려가는 것을 목격한 시민들, 가족이나 친지가 귀가하지 않아 이들의 소식이라도 들을 수 있을까 지푸라기라도 잡는 심정으로 거리로 나온 시민들은 "차라리 우리를 다 죽여라." 하며 맞서기 시작했습니다. 시민들은 이제 쉽게 물러서지 않았습니다.

공수 부대가 점심을 먹기 위해 잠깐 철수하자 시민들은 하나둘 금남로로 다시 모여들었습니다. 어느새 시위대는 수만 명이 되었고 그 구성원들도 훨씬 다양해졌습니다. 대학생뿐만 아니라 고등학생들도 학교 안에서 "민주주의가 말살되었다. 학생이 많이 죽었다."[19] 하고 외치며 시위를 펼치다가 몇몇 학교에서 오후 3시경 자체적인 휴교령을 내리자 거리로 뛰쳐나왔습니다. 까까머리 청소년과 대학생, 4, 50대 중장년, 환갑이 넘은 노인, 상인과 막노동자가 모두 함께 구호를 외치고 노래를 불렀습니다. 수백 명의 대학생으로 시작된 시위는 어느덧 다양한 시민이 참가한 명실상부한 '시민 항쟁'이 되어 갔습니다.

"시민 학생 여러분, 이성을 잃으면 혼란이 가중됩니다. 지체 말고 즉각 해산하여 집으로 돌아가십시오. 여러분들은 지금 극소수 불순분자 및 폭도들에 의해서 자극되고 있는 것입니다."[20]

그 와중에도 군용 헬기가 낮게 날며 이런 방송을 했습니다. 하지만 시민들은 계엄군이 말하는 '폭도'와 '불순분자'가 사실은 평범한 광주 시민일 뿐이라는 것을, 저들의 말은 무엇도 믿을 수 없다는 것을 이틀 동안 충분히 배운 상태였습니다.

공수 부대의 폭력이 잔인해질수록 시위대의 저항도 격렬해졌습니다. 시위대는 도로변에 있는 큰 화분과 공중전화 박스, 가드레일, 버스 정류장 간판 등을 뜯어 공수 부대의 공격을 막는 바리케이드(길 위에 임시로 쌓아 둔 방어 시설.)를 만들었습니다. 또 보도블록을 깨서 공수 부대에게 집어던질 무기를 만들거나 공사장에서 가져온 연장이나 각목, 쇠파이프를 손에 쥐었습니다. 당시 광주를 취재했던 『동아일보』 기자 김영택은 시민들의 이런 변화를 두고 "선량한 시민"의 한계를 넘어서 "성난 민중"이 되었다고 표현했지요. 이대로 죽을 수 없다는 강렬한 생존 본능은 두려움을 집어삼켰습니다. 시민들은 끓어오르는 분노로 타올랐습니다.

시민들은 광주 곳곳에서 공수 부대와 충돌했습니다. 오후 4시 50분쯤 계림파출소 근처에 계엄군 장갑차 1대가 나타나자 시위대는 순식간에 맨몸으로 가로막고 포위해 버렸습니다. 이에 당황한 계엄군이 시민들에게 발포했고 고등학생 김영찬이 그 총에 맞아 부상을 입었습니다. 이는 5·18 최초의 발포였지요.

한편 계엄군과 공방전을 펼치던 금남로의 시위대는 차량과 드럼통에 불을 붙여 계엄군 쪽으로 굴려 보냈습니다. 바리케이드에 부딪힌 자동차와 드럼통이 큰 소리를 내며 폭발했습니다. 시민들은 더 이상 웅크리고만 있지 않았습니다. 분노를 행동으로 보여 주었습니다. 5월 19일, 시민들의 반격이 시작되었습니다.

운전기사들의 분노

19일 밤부터 20일 오전까지 비가 내렸습니다. 하지만 시위는 계속되었고 20일 저녁에 이르러 절정으로 치달았습니다. 이 시위의 맨 앞에는 200여 대의 대형 버스, 택시, 화물차가 있었지요. 차량을 이용한 대규모 시위는 택시 기사들이 이끌었습니다. 택시 기사들은 광주 전역을 누비며 일하기 때문에 가는 곳마다 공수 부대의 만행을 목격했습니다. 영문도 모른 채 군인들에게 구타당하기도 했지요.

벌써 운전기사 몇 사람이 맞아 죽었다는 소문도 나돌았습니다. 운전기사 정영동 씨는 청년 3명을 태우고 광주공용버스터미널을 지나다가 시위하는 이들을 실어다 준다는 이유로 곤봉으로 두들겨 맞고 정신을 잃은 채 버려졌습니다. 그저 생업에 힘쓸 뿐인 자신들에게까지 폭력이 가해지자 택시 기사들의 원성은 하늘을 찔렀습니다. 기사들은 서로 만나기만 하면 분통을 터뜨렸습니다.

"우리들은 아무나 태워 주고 먹고사는데, 대학생을 태웠다고 그렇게 하면 어떻게 운전을 해 먹겠냐."[21]

택시 기사들은 이대로 당할 수만은 없다며 20일 오후 2시부터 무등경기장에 최대한 많은 택시를 모으기로 의견을 모았습니다. 무등경기장은 그때까지 공수 부대의 주요 활동 범위가 아니었던 데다 많은 차량이 모이기에 충분한 공간이 있었기 때문입니다. 오후 5시경이 되자 무등경기장에는 택시뿐만 아니라 시내버스를 비롯한 대형 버스와 화물 차량까지 모여들었습니다. 이들 운전기사에게 차량은 생계 수단, 즉 '밥줄'입니다. 운전기사들이 차량을 앞세워 시위에 나서는 것은 자신이 가진 전부를 거는 것과 다르지 않았습니다.

차량 행렬은 무등경기장을 출발해 금남로를 거쳐 도청 광장으로 진격했습니다. 대형 시내버스들이 맨 앞에서 이끌었고, 택시와 화물차가 뒤따랐습니다. 차량은 점점 늘어나 200여 대가 거리에 늘어섰습니다. 시위대 중 누군가가 이렇게 외쳤습니다.

민주 기사들이 드디어 봉기했다!

기사들은 경적을 울리고 시민들은 목이 터져라 구호를 외치며 도청 쪽으로 행진했습니다.

여태까지 시민들은 특별한 계획 없이 그때그때 상황에 따라 즉

공수 부대와 대치한 채 버스와 택시를 동원해 시위를 벌이고 있는 시민들.

흥적으로 움직였습니다. 항쟁을 이끄는 지도부도 따로 없었습니다. 말 그대로 '몸이 가는 대로' '마음이 이끄는 대로' 시위했지요. 하지만 기사들이 주도한 20일 저녁의 차량 시위는 택시 기사들이 현장에서 계획을 세우고 참가할 사람들을 모아 추진된, 최초의 조직적인 시위였습니다. 항쟁 사흘만의 일이었지요.

차량 시위 행렬은 오후 7시경, 도청 광장에서 100미터가량 떨어진 동구청 앞에 도착했습니다. 그곳에서 공수 부대와 대치하고 있던 시민들은 이를 발견하고 천군만마를 얻은 듯 환호성을 질렀습니다. 차량의 경적 소리가 더욱 커졌고 뒤따르던 시위대의 함성 또한 높아졌습니다. 공수 부대는 예상치 않았던 수백 대의 차량이 등장하자 당황한 기색을 보였습니다. 하지만 곧바로 최루탄과 최루가스를 쏘아 댔습니다.

최루탄과 최루 가스의 매운 연기 때문에 방향 감각을 잃은 차량들이 가로수 등에 부딪히며 연이어 멈추어 섰습니다. 그 틈을 타돌격한 공수 부대는 숨도 제대로 쉬지 못하고 캑캑거리며 눈물, 콧물을 흘리고 있던 운전자들과 시위대를 끌어내어 마구잡이로 때렸습니다. 수백 명의 시민이 달려들어 몸싸움을 벌였지만 훈련된 군인들을 맨주먹으로 당해 내기에는 역부족이었습니다. 결국 20여 분간의 격렬한 충돌 끝에 시위대는 많은 부상자를 낸 채 물러나야 했습니다. 하지만 200여 대의 차량 공세에 공수 부대도 크게 놀랐습니다.

이날 시위대의 사기는 무척 높았습니다. 통행금지 시간인 밤 9시(계엄사령부는 앞서 5월 19일에 광주 지역의 통행금지 시간을 밤 9시부터 다음 날 아침 6시까지로 연장했다.)가 지난 지 이미 오래였지만 시민들은 금남로를 비롯해 광주 곳곳에서 시위를 계속했습니다. 이제 광주

전 지역에서 시위가 벌어지고 있었습니다.

이날 밤 광주 세무서 건물이 시위대에 의해 불탔습니다. 시위대는 '우리 시민들이 낸 세금으로 키운 군대가 적군이 아닌 시민들에게 총칼을 겨눈다'며 분노했습니다.

또한 광주역 근처에서는 시위대와 공수 부대 사이에 치열한 공방전이 펼쳐졌습니다. 광주역을 지키던 공수 부대는 시위대가 끝없이 몰려오자 기어이 총을 쏘았습니다. 밤 10시 30분경, 칠흑 같은 어둠 속에서 울린 총소리는 항쟁 기간 중 일어난 최초의 집단 발포였습니다. 총소리에도 불구하고 시위대가 지칠 줄 모르고 광주역으로 몰려들자 이곳을 지키던 군인들은 허겁지겁 광주역을 빠져나와 다음 날 새벽까지 전남대로 모두 철수했습니다.

부처님 오신 날의 학살

5월 21일 수요일, 흐드러지게 핀 아카시아 꽃 내음이 향기로운 날이었습니다. 날씨도 맑았습니다.

항쟁 4일째, 다시 금남로에 모인 시민들은 망연자실한 표정으로 한 곳을 쳐다보고 있었습니다. 시선이 머무른 곳은 손수레였고 거기에는 시신 2구가 힘없이 축 늘어져 있었습니다. 광주역에서 공수 부대가 총을 난사했을 때 5명의 시민이 목숨을 잃었고 수십 명이 다쳤는데 그때 미처 옮기지 못한 시신을, 시위대가 발견해 싣고 온 것이었습니다. 참혹한 시신을 바라보는 시민들의 마음은 참담했습니다. 시민들은 공수 부대와 또다시 대치했습니다.

시민들이 무턱대고 공수 부대와 충돌하려고만 한 것은 아니었습니다. 시위대는 오전 9시 50분경 시민 대표들을 뽑아 전남도지사와 협상을 시도했습니다. 도지사와 만난 시민 대표들은 '유혈 사태에 대한 당국의 공개 사과' '21일 정오까지 계엄군 철수' '전남북계엄분소 사령관과의 면담' 등을 요구했습니다. 그 후 도지사는 시위대 앞에 직접 모습을 드러내는 대신 헬기를 타고는 12시까지 계엄군을 철수시키겠으니 해산해 달라고 방송했습니다. 시위대는 일단 이 말에 기대를 걸면서 금남로에서 기다렸지요.

12시. 도지사가 약속한 시간이 되었지만 계엄군의 철수 움직임은 전혀 보이지 않았습니다. 시민들은 속았다며 분개했지요. 그러면서 "앞으로, 앞으로"를 외치며 도청 앞으로 조금씩 전진했습니다. 이제 공수 부대와의 거리는 겨우 50미터 정도로 좁혀졌습니다. 시위대는 여차하면 돌격할 기세였고 공수 부대 역시 조금의 물러섬도 없었습니다. 숨 막힐 듯한 긴장감이 감돌았습니다.

오후 1시. 전남도청 옥상 스피커에서 갑자기 애국가가 흘러나왔습니다. 동시에 도청 앞에 있던 계엄군의 총구가 일제히 불을 뿜었습니다. 도청 주변의 전일빌딩, 수협 전남도지부 등 높은 건물 옥상마다 배치되어 있던 공수 부대 저격병들도 총을 쏘았습니다. 경악스럽게도 공수 부대의 사격은 정조준된 것이었습니다. 시민들을 표적 삼아 정확하게 조준해서 쏘았지요. 지난밤 광주역 근처에서 벌어진 집단 발포에 이어 이날 도청 앞 발포는 대낮에 수많은 사람이 지켜보는 가운데 벌어진 집단 학살이었습니다.

계엄군의 사격은 대상을 가리지 않았습니다. 도청 부근에 사람이 얼씬거리기라도 하면 가차 없이 쏘았습니다. 총에 맞아 쓰러진 시민들을 보고 격분하여 태극기를 흔들던 청년도, 부상자들을 구하려고 몸을 숙이고 도로로 뛰어들던 사람도 총에 맞아 검붉은 피를 토하며 죽어 갔습니다. 금남로는 순식간에 시민들이 흘린 피와 고통스러운 신음 소리로 생지옥이 되었습니다. 당시 현장을 목격한 임춘식 씨는 이렇게 말했습니다.

나는 가톨릭센터 뒤쪽 사거리에서 그 상황을 지켜보면서 사망자가 발생할 때마다 땅바닥에다 '바를 정' 자(正)로 표시했다. 약 30여 분 사이에 12명이 사망했다. (……) 그날 나와 함께 가톨릭센터 뒤쪽에서 총에 맞아 죽은 사람 수를 땅바닥에 표시하던 동네 선배는 37명까지 표시하다 지워 버렸다고 한다.[22]

이날 금남로에서만 최소 54명이 죽고 500명 이상이 부상을 입었습니다.[23] 나중에 밝혀진 바에 따르면, 이날 땅 위에서뿐만 아니라 헬기에서도 공중 사격이 자행되었습니다.

계엄군의 무차별 발포는 금남로 밖에서도 일어났습니다. 그날 전남대에는 공수 부대에 끌려간 사람들이 전남대에 갇혀 있다는 소문을 듣고 가족들이 무사한지 확인하려고 달려온 사람이 많았습니다. 이들에게조차 공수 부대가 총을 쏘았습니다.

이날 희생된 사람 중에는 임신부도 있었습니다. 정오 무렵 전남대 정문 앞 평화시장 골목에서 계엄군이 쏜 총에 맞아 임신 8개월이었던 최미애 씨가 그 자리에서 숨졌습니다. 집 앞 골목에 나와 남편을 기다리다 변을 당한 것입니다. 사랑하는 아내를 먼저 보낸 남편은 나중에 묘비에 이렇게 새겼습니다.

여보, 당신은 천사였소. 천국에서 다시 만납시다.

계엄군의 총격으로 인한 사상자들로 병원에서는 병실이 모자랄 지경이었습니다. 시신을 넣을 관조차 구하기 어려웠습니다. 이날은 부처님 오신 날이었습니다.

시민들, 총을 들다

계엄군의 발포와 학살이 시작되자 시민들은 이런 상황에서 돌멩이나 각목 따위로 싸울 수는 없다며 무기를 구하기 위해 황급히

(위·아래) 계엄군에 맞서 시민군이 되어 가는 광주의 청년들.

곳곳으로 흩어졌습니다. 가까운 나주, 화순, 담양부터 멀리는 영암, 강진, 해남까지 달려가 총기, 탄약 등을 구해 왔습니다. 주로 그 지역의 경찰서나 예비군 무기고에서 탈취한 것이었지요. 지역 경찰 대부분은 이미 광주 시위 진압에 뽑혀 간 상황이었기 때문에 몇 명 남지 않은 인원으로는 독한 마음으로 온 광주 시민들을 막을 수 없었습니다.

이미 21일 오전 광주 광천동에 있던 아시아자동차공장에서 장갑차와 군용 트럭 수십 대를 끌고 나왔던 시민들은 지원동에 있는 탄약고와 탄광 등지에서 다이너마이트 폭약도 확보했습니다. 또 기관총 2대를 구해 전남대학교병원 옥상에 설치했습니다. 시민들은 계엄군으로부터 스스로 지키기 위해 총을 들고 무장을 했습니다. 그렇게 시민들은 '시민군'이 되었습니다.

우리한테 빨갱이라고 하니까 그게 제일 이해가 안 됐죠. 우리가 학교에서 배운 공산당은 머리에 뿔이 났다고 했는데, 그래서 반공 포스터 그릴 때 도깨비 뿔도 그리고 꼬리도 그리고 방망이도 그리고 했어요. (……) 우리는 빨갱이가 아닌데 정부에서 왜 그러지? 그때 알았죠. 정부의 말이 다 맞지는 않다는 걸. 정부도 잘못된 말을 할 수 있다는 걸요.[24]

(강혜련, 당시 13세)

5·18 기간과 그 후 오랫동안 광주 시민들은 '폭도'라 불렸습니다. 또 그들의 처절한 저항은 '폭동'으로 매도되었습니다. 이런 오명에 항상 따라 붙는 근거는 시민들이 폭력을 썼으며 급기야는 총기까지 빼앗아 무장했다는 것입니다.

광주 시민들은 어느 시점부터 저항의 방식으로 폭력을 선택했습니다. 처음에는 그냥 맨손으로 시위만 하다가 5월 18일에 공수 부대가 시내에서 무자비하게 진압하자 분노해서 이튿날 오후부터는 각목이나 쇠파이프를 들기도 했고, 공수 부대를 향해 돌이나 화염병을 던지기도 했습니다. 그리고 5월 21일 도청 앞 집단 발포 이후에는 총까지 들었습니다. 폭력 시위를 했으니 계엄군의 진압에도 일리가 있다고 할 수 있을까요?

이런 물음에 답하려면 시민들이 왜 폭력을 썼는지 그 폭력이 어디로 향했는지 살펴봐야 합니다. 당시 광주는 계엄군에 의해 철저하게 고립되어 있었습니다. 광주에서 무슨 일이 일어나는지 밖에서는 전혀 알지 못했습니다. 평화적으로 시위를 하면서 공수 부대가 폭력을 쓰고 있다는 것을 알리며 도와 달라고 호소할 방법이 전혀 없었지요. 이런 상황에서 시민들은 '살기 위해' 폭력을 사용하지 않을 수 없었습니다. 시민들이 원했던 것은 오직 군인들이 사람을 죽이지 않는 것, 군대가 철수하는 것이었습니다.

우리는 왜 총을 들 수밖에 없었는가? 그 대답은 너무나 간단합니다. 너무나 무자비한 만행을 더 이상 보고 있을 수만 없어서 너도나도 총을 들고 나섰던 것입니다. (……) 이 고장을 지키고 우리 부모 형제를 지키고자 손에 손에 총을 들었던 것입니다. 그런데도 정부와 언론에서는 계속 불순배, 폭도로 몰고 있습니다.

여러분! 잔인무도한 만행을 일삼았던 계엄군이 폭돕니까? 이 고장을 지키겠다고 나선 우리 시민군이 폭돕니까?

(광주 시민군 궐기문 「우리는 왜 총을 들 수밖에 없었는가?」 중에서.)

이 질문에 대한 답은 당시 광주에서 시민들을 지켜본 『AP통신』의 테리 앤더슨 기자의 말에서 알 수 있습니다. 그는 "사실상 군인들에 의한 폭동이었다."[25]라고 판단했습니다.

대법원 역시 1997년 12·12와 5·18 관련 재판 판결문에서 계엄군의 진압은 "폭동의 내용으로서의 폭행, 협박에 해당"한다고 분명히 밝혔습니다. 폭도는 광주 시민들이 아니라 신군부와 계엄군이었음을 명확히 한 것입니다.

한 가지 질문을 더 던져 보겠습니다. 우리는 언제나 국가의 명령에 따라야 하는 것일까요? 어떤 경우에도 국가의 뜻에 반하는 행동을 하면 안 되는 것일까요?

2016년 8월, 미국을 떠들썩하게 만든 일이 있었습니다. 프로 미식축구 리그(NFL) 시범 경기에서 콜린 캐퍼닉이라는 선수가 국민의례를 거부했습니다. 미국 국가가 흘러나오고 다른 선수들과 관중들이 가슴에 손을 얹고 국기를 바라보고 있을 때 캐퍼닉은 한쪽 무릎을 꿇은 채 가만히 앉아 있었습니다. 그 이유에 대해서는 "미국 사회의 인종 차별과 경찰의 폭력성에 대한 항의의 표시로 국민의례를 하지 않았다."라고 밝혔습니다.

실제로 미국에서는 경찰이 쏜 총에 맞아 목숨을 잃는 흑인의 수가 백인에 비해 훨씬 많습니다. 경찰이 흑인 등 소수 인종을 대할 때 유난히 폭력적이라는 비판이 나올 만하지요. 캐퍼닉 역시 흑인이었습니다.

이런 캐퍼닉의 행동은 곧바로 격렬한 논쟁을 불러왔습니다. 어떤 사람들은 '국기에 무례를 범한' 캐퍼닉이 경기장을 떠나야 한

2016년 10월 미국 샌프란시스코 포티나이너스의 콜린 캐퍼닉(가운데)과 동료들이 소수 인종에 대한 경찰의 폭력적 처사에 항의하기 위해, 국가가 연주되는데도 일어서지 않고 무릎을 꿇고 있는 모습.

다며 비판하고 나섰지요. 그런데 당시 대통령이었던 버락 오바마는 캐퍼닉이 "헌법에 보장된 권리를 행사한 것"이라며 캐퍼닉의 편을 들어주었습니다. 캐퍼닉과 오바마는 시민이라면 누구나 국가에 항의하고 저항할 권리가 있다고 생각한 것입니다.

1980년 광주 시민들의 생각도 이와 다르지 않았습니다. 주권자인 국민을 짓밟는 국가 권력에는 저항할 수 있어야 한다고 생각했습니다. 그것이 민주 시민의 권리이자 의무이며, 헌법이 보장하는 민주주의 원칙임을 온몸으로 보여 준 것입니다.

4

힌츠페터의
카메라

힌츠페터와
투사회보

나는 그 사람들이 외치는 소리를 모두 들었다.
너무 슬퍼 눈물을 흘리면서도 나는 기록했다.
한국 언론에서 거짓을 말하고 있다는 것도 알았다.
진실이 얼마나 위험한가도 알고 있었다.
그렇지만 나는 진실을 외면할 수 없었다.
내 필름에 기록된 모든 것은 내 눈앞에서 일어났던 일,
피할 수 없는 진실이기 때문이다.[26]

위르겐 힌츠페터, 독일 기자

모든 것이 차단된 광주에서 누구도 믿을 수 없는 일들이 벌어지고 있을 때,
목숨을 걸고 진실을 알리려 했던 이들이 있었습니다.

　1980년대는 지금처럼 인터넷이나 에스엔에스(SNS)가 발달한
시대가 아니었습니다. 그때만 해도 광주의 비극을 전국에 재빠르
게 알릴 수 있는 매체는 신문과 방송뿐이었습니다. 하지만 5·18 당
시 우리 언론은 그 역할을 전혀 하지 못했습니다. 신군부가 철저하
게 언론을 통제했기 때문입니다.

　신군부는 자신들을 비판하는 보도를 막아야 국민들의 저항을
미리미리 방지할 수 있다고 생각했습니다. 그래서 5월 17일에 포
고령을 내려 기사나 방송이 나가기 전에 반드시 계엄사령부의 허
가를 받도록 했습니다. 이에 따라 5월 19일 하루에만 525건의 기사
중 100여 건이 검열 과정에서 삭제되기도 했습니다.

　신군부는 특히 광주 소식이 바깥으로 나가지 않도록 철저히 했
습니다. 이로 인해 광주에서 벌어진 일들은 21일까지 단 한 줄도

보도되지 못했습니다. 광주 시민들은 자신들이 겪고 있는 비극이 다른 지역으로 널리 알려지기를 기대하며 절박한 심정으로 텔레비전 앞에 앉았지만 이런 기대를 비웃기라도 하듯 텔레비전에서는 드라마와 오락 프로만 방송되었습니다.

외로운 싸움

그러다 5월 20일, 진압을 지휘하고 있는 전남북계엄분소장의 발표문이 방송에 나왔습니다. 당시 사태와 관련하여 처음 나온 보도였지요. 하지만 거기에는 터무니없는 내용만 담겨 있었습니다.

지난 18일과 19일 양일간의 소요 진압 과정에서 연행된 학생과 일반인은 군에서 잘 보호하고 있으며, 그중 가벼운 범법자와 잘못을 반성하는 일부 학생들을 석방 조치했습니다. (……) 소요 진압 과정에서 일부 부상 학생은 정성껏 치료를 받고 있습니다. 중상자는 없습니다.

광주 시민들의 잔혹한 일상은 텔레비전에서 찾아볼 수 없었습니다.

바로 다음 날, 이번에는 계엄사령관의 터무니없는 담화문이 나왔습니다. 광주에서 발생한 '폭동'은 광주로 몰래 들어간 다른 지역 불순 세력과 북한에서 내려온 간첩들의 선동에 의한 것이라는 내용이었지요. 이를 시작으로 신군부는 광주의 상황을 왜곡하는 작업에 본격적으로 들어갔습니다.

신군부는 광주 시민들을 '폭도' '난동 분자' '무장 폭도' 등으로 보도하라는 지시를 각 언론사에 내렸고 언론사들은 그대로 따랐습니다. 『조선일보』는 1980년 5월 25일자 사설에서 광주 시민들을 1923년 간토 대지진 때 조선인을 잔인하게 학살한 일본인 폭도에 비유하기까지 했지요.

군중의 격앙된 심리 상태에서 이성을 잃게 되면 냉철한 판단이 요구되는 분별력을 가질 수는 없는 일이다. 57년 전 일본 관동대지진 때 조선인 학살의 역사가 (……) 우리에게 쓰라린 교훈을 주고 있다.

5월 20일 밤에는 광주 MBC가, 21일 새벽에는 광주 KBS가 불길에 휩싸였습니다. 죄 없는 사람들이 죽어 나가는 마당에 언론이 말도 안 되는 발표만 보도하자, 분노한 시민들이 불을 지른 것입니다. 하지만 방송사들이 불타오르는 장면은 오히려 광주 시민들을 폭도라 왜곡하는 증거로만 반복해 방송되었지요.

이런 상황이니 다른 지역에서는 광주에서 무슨 일이 일어나고 있는지 도무지 알 수가 없었습니다. 광주 시민들은 외롭게 싸워야 했습니다.

불에 탄 광주 문화방송(광주 MBC) 건물.

악착같이 목을 쥐고 입을 틀어막으려는 신군부의 방해 속에서
도 몇몇 기자들은 진실을 알리기 위해 노력했습니다. 하지만 이들
의 기자 정신만으로 돌파하기는 어려웠습니다. 기자들이 아무리
열심히 발로 뛰며 취재해도 보도 자체를 못 하거나 기사에 여기저
기 가위질을 당해야 했습니다.

진실을 말할 수 없는 처지에 대한 부끄러움을 참지 못하고 결국
스스로 펜을 꺾은 기자들도 있었습니다. 대표적인 이들이 『전남매
일신문』 기자들입니다. 이들은 5월 20일, 검열을 거부하고 눈으로
보고 확인한 그대로 신문을 만들기로 결의했습니다. 하지만 간부
들의 방해로 기사가 나갈 수 없게 되자 단체로 사직서를 냈습니다.

사직서에는 기자들의 좌절감이 그대로 드러나 있었습니다.

> 우리는 보았다.
> 사람이 개 끌리듯 끌려가 죽어 가는 것을 두 눈으로 똑똑히 보았다.
> 그러나 신문에는 단 한 줄도 쓰지 못했다.
> 이에 우리는 부끄러워 붓을 놓는다.
> 1980. 5. 20.
> 『전남매일신문』 기자 일동

그런데 이들이 그토록 알리고 싶어 했던 진실은 마침내 어느 외신 기자의 카메라에 담겨 철통같았던 광주를 빠져나가 전 세계에 알려졌습니다. 그의 이름은 위르겐 힌츠페터입니다.

힌츠페터, 광주로 가다

독일 제1공영방송(ARD) 도쿄 특파원이었던 힌츠페터는 5월 19일, 광주에서 시민과 계엄군이 충돌했다는 일본 방송 보도를 들었습니다. 그리고 이 사건이 심상치 않다고 직감하게 됩니다. 그런데 외신 기자들이 모여 있는 프레스 센터에서는 별다른 정보를 얻지 못했고, 한국에 여러 차례 전화를 걸었지만 연결이 잘되지 않았습니다. 힌츠페터는 직접 광주로 들어가 취재하기로 결심하고 한국행 비행기에 올랐습니다.

당시에는 외신 기자들이 우리나라에서 취재하려면 해외홍보원이라는 기관에 신고를 해야 했습니다. 하지만 취재 허가가 쉽게 나지 않을 것이라 생각한 힌츠페터는 자신의 신분을 선교사로 숨기고 한국에 들어왔습니다. 하루를 서울에서 머문 뒤 다음 날인 20일, 녹음 담당인 헤닝 루모어와 함께 택시 기사 김사복 씨의 택시를 타고 광주로 출발했습니다. 가는 도중 계엄군의 검문에 몇 차례 걸리면서 위기를 겪었지만 무사히 광주로 들어왔지요.

광주 시민들은 힌츠페터 일행을 열렬히 환영했습니다. 예상치 못한 환대에 힌츠페터가 어리둥절할 정도였지요. 시민들은 취재에 굉장히 협조적이었습니다. 국내 언론들은 왜곡된 보도만 계속하고 있었기 때문에 외신 기자에게 희망을 걸 수밖에 없었던 것이지요.

힌츠페터는 계엄군이 쓸고 간 광주 시내 곳곳을 돌아다니며 처참한 학살 현장을 카메라에 담았습니다. 힌츠페터의 눈에 비친 광주는 참혹했습니다. 가슴이 막히고 눈물이 자꾸 흘러서 촬영을 가끔씩 중단해야 할 정도였지요. 힌츠페터는 한 인터뷰에서 베트남 전쟁에서 종군 기자로 일할 때도 이렇게 비참한 광경은 본 적이 없다고 말하기도 했지요.

취재를 마친 뒤 5월 21일, 힌츠페터는 하루라도 빨리 소식을 알

(위) 위르겐 힌츠페터와 그가 쓰던 여권.
(아래) 5·18 당시 힌츠페터가 실제로 촬영한 광주 모습들.

리기 위해 광주를 빠져나왔습니다. 그리고 필름을 빼앗길세라 서울에 도착하자마자 곧바로 일본으로 건너갔습니다. 혹시라도 있을 검문에 대비해 필름 절반은 허리춤에, 나머지 절반은 깡통으로 된 과자 상자에 숨긴 채였지요. 다행히 필름은 힌츠페터와 함께 무사히 일본 나리타 공항에 도착했고 곧바로 지인을 통해 독일로 보내졌습니다. 그리고 이튿날인 5월 22일, 힌츠페터가 필사적으로 알리려 했던 광주의 진실이 독일을 비롯한 유럽 전역에 방송되었고 세계인들에게 큰 충격을 던져 주었습니다.

힌츠페터는 그것으로 자신의 일을 다했다고 생각하지 않았습니다. 광주 시민들의 저항은 여전히 계속되고 있었으니까요. 힌츠페터는 23일 다시 광주로 들어갔습니다. 다행히 힌츠페터 이후 여러 외신 기자가 광주에 왔습니다.

오늘날 널리 알려진 5·18에 관한 컬러 영상 대부분은 힌츠페터가 촬영한 것입니다. 힌츠페터는 생전에 한 인터뷰에서 이런 말을 남겼습니다.

우리 독일인이 2차 대전 때 저지른 만행을 기억하는 만큼, 5·18도 반드시 기억되어야 한다.[27]

스스로 언론이 된 시민들

힌츠페터와 여러 외신 기자가 고군분투하는 동안에도, 광주의 언론 상황은 더욱 나빠져 갔습니다. 5월 21일부터는 광주에서 아예 신문 발행이 중단되었고, 방송에서는 왜곡 보도만 반복되고 있었지요. 시민들은 자신이 직접 눈으로 확인한 사실을 빼고는 다른 상황에 대한 정확한 정보를 얻기가 힘들었습니다.

특히 가족이나 친지가 집으로 돌아오지 않은 사람들은 너무나 초조하고 불안해서 잠을 이룰 수 없었습니다. 계엄군은 시민들을 연행해 가면서도 누가 어디로 가는지 가족들에게 전혀 알리지 않았습니다. 광주의 현실을 밖으로 알리는 것만큼이나 광주 안에서 시민들의 눈과 귀가 되어 주고 그들을 하나로 묶어 줄 언론이 필요했습니다. 사람들은 아예 직접 언론을 만들기로 마음먹었습니다. 그렇게 해서 나온 것이 바로 '투사회보'입니다.

투사회보는 들불야학(노동자들에게 지식을 가르치며 노동 의식을 키워 주는 역할을 하던 곳.)을 이끌던 윤상원을 중심으로 만들어졌습니다. 시민들의 항쟁 소식과 공지 사항, 그리고 시민들에게 제안하는 앞으로의 행동 방향 등을 담은 소식지였습니다. 시민들에게 투쟁 열기를 불러일으키기 위해 투사회보라는 이름을 붙였지요.

처음에는 시민들에게 받은 지원금으로 등사기 3대를 사서 밤새도록 인쇄했습니다. 이렇게 해도 하루에 5,000~6,000부 정도밖에 만들지 못했습니다. 그러다 25일부터는 광주 YWCA(그리스도교 여자 청년회)에 있는 수동 윤전기로 하루에 4만여 장을 인쇄할 수 있었습니다. 이렇게 만들어진 회보는 계엄군의 눈을 피해 시민군 차량을 타고 광주 시내 곳곳에 뿌려졌습니다.

사실 투사회보는 언론이라 하기에는 다소 초라했습니다. 겨우 16절지(대략 A4 크기) 한 장짜리였기 때문에 다양한 정보를 깊게 담지는 못했습니다. 몇 명 되지 않는 인원이 짧은 시간 동안 취재를 하고 글을 써서 뿌려야 했기 때문에 정식 기자처럼 사실 확인을 충분히 할 겨를도 없었지요. 하지만 피해 상황이나 계엄군의 움직임, 체포된 사람들의 행방 등에 관한 소식에 목말라 있던 시민들에게 투사회보는 가뭄의 단비 같았습니다. 또한 투사회보는 공수 부대의 만행을 광주 시내 각지에 알림으로써 저항을 확산시키기도 했습니다. 그 이름처럼 시민들을 투사로 만드는 데 보탬이 되었지요. 윤상원은 동료 서대석에게 이런 말로 투사회보의 필요성을 강조했습니다.

총이 거리에 쏟아지면서 겁먹고 피신한 시민들이 자꾸만 늘어나고 있어. 그 사람들에게 공수 놈들의 학살 만행을 고발하는 게 우리의 임무야! 다시 싸울 수 있게 알리고 또 알려야 된단 말이야! 전두환이는 총칼보다 투사회보 한 장을 더 무서워해.[28]

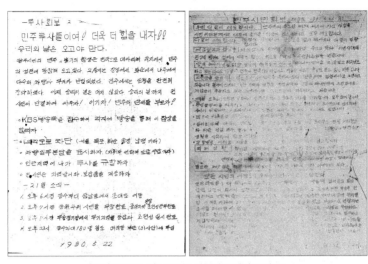

(왼쪽) 1980년 5월 22일에 발행된 투사회보 제2호.
(오른쪽) 1980년 5월 26일에 발행된 투사회보 제9호. 8호부터 투사회보의 이름이
민주시민회보로 바뀌었다.

5월 21일부터 26일까지 투사회보는 총 10호가 발행되었습니다. 10호는 인쇄까지 마쳤지만 시민들에게 전해지지는 못했습니다. 5월 27일에 계엄군에 전부 빼앗겼기 때문입니다.

광주를 다룬 임철우의 소설 『봄날』을 각색한 희곡 「봄날」에는 광주로 파견된 기자 김상섭이 거리에서 투사회보 한 장을 주워 읽고는 이렇게 자책하는 장면이 나옵니다. 기자의 혼잣말은 투사회보의 소중함을 잘 보여 줍니다.

무고한 시민이 거리에서, 골목에서, 안방에서까지 수없이 죽거나 불구

가 되거나 개처럼 끌려가고 있는데도, 그 어떤 방송도 신문도 '광주'라는 단어조차 언급하지 않고 있는 것이다. 오직 이 조잡하기 그지없는 유인물만이 그 진실을 알리고 있지 않은가. (……) 부끄러워라, 미치도록 부끄럽고 부끄럽구나. 아아, 명색이 기자라는 난 지금 무엇을 하고 있는 건가.[29]

투사회보는 잉크가 부족해 희미하게 인쇄되기도 했고 때로는 종이도 부족해 이면지에 인쇄되기도 했습니다. 언뜻 보면 조잡했지요. 하지만 거의 모든 언론이 신군부의 총칼이 두려워서, 혹은 자신의 이익을 챙기느라 언론이기를 포기한 상황에서 투사회보는 광주 시민들에게 유일한 언론이었습니다.

진실이 가진 힘

여기 사람들에게 가장 무서운 것은 여기서 무슨 일이 일어나고 있는지 다른 곳에서는 모른다는 것이다. (……) 여기 모든 사람들은 어리둥절한 채 비탄에 잠겨 있다. 정말 무서운 일이다. 사람들은 이런 일이 일어나고 있다고 믿을 수 없을 것이고 상상조차 할 수 없을 것이다.[30]

당시 광주에 있었던 인류학자 린다 루이스의 이 말처럼 광주 시민들이 가장 견디기 힘들었던 것 중 하나는 고립되었다는 사실이 었습니다. 이토록 극악무도한 일이 벌어지고 있는데, 이 사실을 광주 밖에서는 알지 못한다는 데에서 오는 불안감은 무척 컸습니다. 광주를 완벽하게 가리고 있는 이 보이지 않는 장막을 걷으려면 언론이 절실했습니다.

시민들은 언론이 더도 말고 덜도 말고 딱 있는 그대로 보도해 주기를 바랐습니다. 그것이 원래 언론이 해야 하는 일이니까요. 진실을 보도하고 권력을 비판해서 여론을 만드는 것은 언론의 사명입니다.

제 역할을 하는 언론이라면 공수 부대가 시민들을 상대로 무자비한 살상 행위를 저지르고 있다는 것을 알리고(사실 보도), 그러한 행위를 지시하고 모른 체한 신군부를 비판하여(권력 비판), 사람들로 하여금 신군부와 광주 상황에 대해 올바른 판단을 하도록(여론 형성) 했어야 합니다. 그러나 언론에 대한 광주 시민들의 기대는 금세 절망으로 바뀌었지요.

만약 5·18 당시 신문과 방송을 통해 광주의 상황이 다른 지역 사람들에게 낱낱이 알려졌다면 어땠을까요? 쉽게 장담할 수 없지만 적어도 광주 시민들의 싸움이 그들만의 외로운 싸움이 되지는 않았을 것입니다. 진실이 가진 힘은 아주 크기 때문입니다. 이는 나중에 광주 이야기가 세상에 알려진 뒤 사람들의 반응을 통해서 알 수 있습니다.

부산 중앙성당 박승원 신부는 5·18 당시 우연히 한 신자의 집에서 일본 방송을 통해 광주의 일을 알게 되었습니다. 이후 1987년 6월에 부산에서 5·18 관련 사진전을 열어 당시의 참상을 시민들에게 알렸지요. 사진전을 찾은 부산 시민들의 반응은 뜨거웠습니다. 박승원 신부는 이렇게 기억합니다.

부산 국제 시장이 '5·18 광주 사진 전시장' 바로 옆에 있었는데요, 그 시장 아주머니들이 장사 때문에 시간 맞춰서 보기 힘드니까 전시회 시간을 늘려서 우리도 보게 해 달라는 거예요. 그래서 그렇게 해 드렸죠. 그런데요, 거기서 대성통곡을 해요, 시장 아주머니들이. 그런 건 처음 봤어요. 그다음부터는요, 지나가는 사람들이 그냥 지나가질 않아요. 돈을 주고 가

는 거예요. 수천 명이 뭐예요? 보고 간 사람들이 수만 명도 더 됐죠.[31]

80년대 중반 이후 사진과 영상을 통해 퍼져 나간 5·18의 진실은 많은 사람에게 큰 충격을 주었습니다. 사람들은 광주 시민들이 홀로 싸우도록 내버려 두었다는 죄책감을 느꼈고, 이는 80년대 내내 서슬 퍼런 전두환 정권과 맞서 싸우는 원동력이 되었습니다. 이것이 바로 진실이 가진 힘입니다.

물론 진실을 안다고 해서 모두 다 곧바로 행동에 나서는 것은 아닙니다. 하지만 언론이 제대로 보도하지 않아 무슨 일이 벌어지고 있는지 알지 못한다면 사람들은 행동을 할지 말지, 고민할 기회조차 놓치게 되지요. 그런 의미에서 언론은 연대의 도구이기도 합니다. 타인이 겪고 있는 고통에 공감하면서 힘을 보태는 것이 바로 연대니까요.

언론의 역할만큼이나 중요한 것이 또 하나 있습니다. 바로 언론 보도를 받아들이는 시민의 태도입니다. 5·18 당시 광주에 들어갔던 공수 부대원들은 광주 시민들을 직접 눈으로 보았습니다. 그럼에도 그들은 '시위하는 이들은 빨갱이나 간첩'이라는 상관들의 말을 의심하지 않았고 무고한 시민들을 죽음으로 내몰았습니다. 공수 부대는 자신들이 믿어 왔던 것들이, 혹은 들어 왔던 이야기가 어쩌면 사실이 아닐 수도 있다는 의심을 거의 하지 못했습니다. 비판적인 사유를 못 했던 것이지요.

공수 부대뿐만이 아닙니다. 언론이 악의적으로 왜곡한 광주 소식을 별 의심 없이 믿어 버린 시민들도 적지 않았습니다.

　"에이, 설마 뉴스에서 거짓말을 하겠어?"

　"저것 봐. 폭도들처럼 쇠파이프로 군인들을 때리고, 방송국에 불 지르고 다니잖아."

　왜곡 보도를 곧이곧대로 믿은 사람들 중 일부는 아직까지도 그 잘못된 믿음을 버리지 않고 있습니다. 그 때문에 여전히 많은 광주 사람이 고통받고 있지요. 언론이 진실을 공정하게 보도하는 것만큼 시민들이 언론 보도를 비판적으로 받아들이는 것이 중요합니다.

5

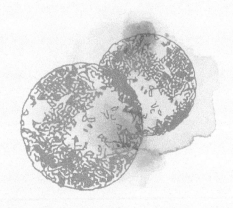

주먹밥

광주,
해방되다

솥단지 큰 거 걸어 놓고 큰 대야에다 밥을 퍼 담으며 만들었어.
그때는 말도 못 했지. 저기 사거리에서 최루탄을 쏘면 여기까지 오는데,
가까이 오는데도 무서운 줄 모르고 (주먹밥을) 했어.[32]

김정단·김삼례, 광주 대인시장 상인

시민들이 싸우는 동안 광주의 시장 상인들은 너도나도
큰길에다 솥을 걸고 주먹밥을 빚었습니다.
함께 나눈 주먹밥은 계엄군을 몰아내는 데 든든한 힘이 되었습니다.

_____

21일 오후 도청 앞에서 계엄군이 집단 발포를 한 뒤 사망자와 부상자는 순식간에 급속히 늘었습니다. 시민들은 이들을 추슬러 들쳐 업거나 차에 태워 가까운 병원으로 옮겼습니다. 시내에서 멀지 않은 전남대학교병원과 광주기독병원, 광주적십자병원은 밀려드는 환자들로 야전 병원(전쟁이 일어났을 때 부상병 치료를 위해 후방에 설치하는 병원.)을 방불케 했습니다.

처음에는 학생들이 많았지만 차츰 어른 아이 가리지 않고 들어왔고 그중에는 초등학생도 있었습니다. 미처 신원을 확인할 수 없는 경우도 많아서 의료진은 급한 대로 '청추하'(청색 추리닝 하의를 입은 사람.) '검파상'(검고 파란 상의.) '무명남'(의식이 없어 신원 파악이 되지 않은 남자.) '계림남'(계림동에서 온 남자.) 등 입고 있던 옷이나 신체의 특징, 실려 온 지역 이름으로 일단 환자들을 구분해 두었습니다.

총에 맞은 사람, 총이나 곤봉에 맞아 머리가 깨지고 뼈가 부러진 사람, 대검에 찔린 채 실려 온 사람으로 병원이 가득 찼습니다.

병원에 도착했을 때 이미 숨진 사람도 많았습니다. 영안실이 부족해 더러는 병원 바깥에 임시로 뉘여 둘 수밖에 없었습니다. 응급실도 부족해 병원 복도에 공간을 마련하고 뇌 손상, 뇌출혈 환자 등 생명이 위급한 환자부터 치료해 가기 시작했습니다. 비교적 가벼운 부상을 입은 사람들은 어쩔 수 없이 뒤로 밀렸지만 불만을 터트리거나 항의하는 사람은 드물었습니다. 되레 자신보다 심각한 사람을 먼저 돌보아 주라며 실랑이를 하기도 했습니다.

우리는 환자를 가리지 않는다

갑자기 많은 환자가 몰려드니 의료진이 크게 부족해졌습니다. 인턴, 레지던트뿐만 아니라 의과 대학 4학년들까지 수술실에 들어갔고, 휴가를 나온 군의관들도 손을 보탰습니다. 간호사 중에는 광주 시내가 아닌 인근 화순이나 장성 등에 살고 있는 사람도 있었는데, 군인들의 삼엄한 포위망을 뚫으면서까지 병원으로 왔습니다. 의료진은 잠도 제대로 자지 못한 채 환자들을 보살폈습니다. 부족한 약품은 시내 약국들에서 가져왔습니다. 수혈할 피가 부족하자 시민들은 밖으로 뛰쳐나가 시내를 돌아다니며 외쳤습니다.

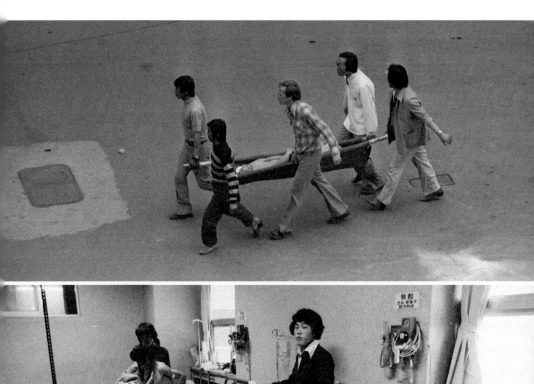

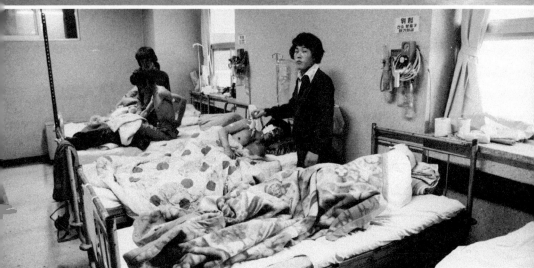

(위) 길에서 쓰러진 부상자를 옮기는 시민들.
(아래) 병원을 가득 메운 부상자들.

광주 시민 여러분, 지금 여러분의 형제들이 죽어 가고 있습니다. 모두 나오셔서 헌혈을 합시다!

소식을 들은 시민들이 병원으로 몰려들었습니다. 삽시간에 헌혈을 하려는 사람들로 긴 줄이 생겼습니다. 밖에 나왔다간 자칫 군인들에게 잘못될지 모르는데도, 목숨을 걸고 피를 나누기 위해 온 것입니다. 당시 광주기독병원 간호 감독이었던 안성례는 병원 문이 미어질 만큼 사람들이 몰려들었다면서 이렇게 기억했습니다.

몸이 약해서 보기에 그 헌혈허시면 안 되겠다고 그러면 막 화를 낸 거예요. 내가 죽어도 이럴 때 피 한 방울도 안 주면 내가 시민이 아니지 않냐. (……) 그때 인간으로 태어나서 가장 슬펐고, 또 가장 인간으로서 감동적인 순간들을 너무 많이 체험을 한 거죠.[33]

헌혈 행렬에는 시위에 적극적으로 나서기 어려웠던 가정주부나 젊은 여성들이 특히 많았습니다. 그 와중에 안타까운 일도 생겼습니다. 전남여상 3학년 박금희 학생이 광주기독병원에서 헌혈을 마치고 집으로 돌아가다 총을 맞고 사망한 것입니다. 박금희 학생은 헌혈했던 병원으로 다시 실려 오고 말았습니다.

병원에서 의료진과 환자들이 죽을힘을 다해 애쓰고 있던 그때에도 군인들은 병원 응급실에 총을 쏘면서 위협했습니다. 총알이 수술실과 병실에도 날아들자, 의료진은 솜이 든 매트리스로 창문을 막았습니다. 매트리스 한 장 사이로 삶과 죽음이 함께했습니다. 군인들은 때때로 병원에 찾아와 시민군을 내놓으라고 협박했습니다. 이에 의료진은 "우리는 환자를 가리지 않는다."[34]라며 끝까지 환자들을 보호했습니다.

길에서 빚은 주먹밥

병원 밖에서도 시민군을 도우려는 노력이 이어졌습니다. 21일 계엄군의 집단 발포에 맞서 젊은이들이 무장하기 시작하자 동네마다 자발적으로 돈이나 쌀을 걷기 시작했습니다. 여성들은 시내 큰길가에 솥을 내걸고는, 그렇게 모은 쌀로 밥을 지어 주먹밥을 빚은 뒤 시위대에게 돈도 받지 않고 주었습니다.

뭐 아까운 것이 없었어. 그때 아까운 것 없이, 그냥 있으면 다 주고 싶었어.[35]
(유복남, 당시 대인시장 상인)

그런 주먹밥을 건네받은 시민군의 마음도 뜨거워졌습니다.

거리에 큰 솥을 꺼내 와서 시민들을 위해 밥을 짓는 여성들.

　가는 곳마다 아주머니들이 힘내서 싸우라며 김밥과 주먹밥을 차에 올려주었다. 물수건으로 최루탄 가스에 뒤덮인 얼굴을 닦아주기도 했다. 동네별로 아주머니들이 먹을 것을 장만해 나누어주었고 이 가게 저 가게에서 음료수와 빵을 던져주었다. (……) 가는 곳마다 넘치는 시민들의 격려와 보살핌은 어느새 나의 두 눈에 눈물이 고이게 했다.[36]

　(이세영, 당시 시민군)

주먹밥을 서로 나누며 광주 시민들은 하나로 단단히 뭉쳐 갔습니다.

군인들이 물러간 뒤

5월 21일 수요일 오후 5시, 마침내 군인들은 시 외곽으로 철수했습니다. 계엄군이 시내에서 물러갔다는 소식은 시내 전역으로 퍼져 나갔습니다.

다음 날 아침이 밝자 사람들은 도청 앞 광장으로 몰려 나왔습니다. 물론 계엄군이 완전히 물러간 것은 아니었고 공중의 헬기에서는 "폭도들에게 알린다. 즉시 자수하라."라는 방송이 계속되었습니다. 그래도 시민들에게는 일단 살았다는 안도감이 찾아왔습니다. 사람들은 지난 며칠 동안 일어난 일에 대해 이야기를 나누면서 이제 무얼 해야 할지 논의했습니다. 한편에서는 청년들이 '계엄 철폐' '전두환 처단'이라고 쓴 플래카드를 차에 달고는 시내를 달렸습니다. 시민들은 깊은 분노와 슬픔 속에서도 그런 청년들을 환호했습니다.

계엄군이 물러간 광주는 이제 시민들 스스로 다스려야 했습니다. 도청 주변과 금남로는 지난 며칠 동안의 공방전으로 마치 전쟁터와 같았습니다. 총에 맞고 불에 탄 차량들의 시커먼 잔해와 깨진

화염병 조각, 돌멩이, 주인을 잃은 신발과 찢긴 옷가지, 총에 맞은 사람들이 흘린 피와 최루탄 자국으로 어지러웠습니다. 시민들은 우선 이 흔적들을 치우기 시작했습니다. 중·고등학생들이 앞장서 "우리는 폭도가 아니다." "질서 유지, 질서 유지"를 외쳤고 시민들은 기꺼이 따라 주었습니다.

희생된 이들의 시신은 깨끗이 염을 한 후 태극기에 싸서 도청 앞 상무관으로 옮겼습니다. 도청과 도청 앞 광장, 상무관 벽에는 가족들이 희생자들을 찾을 수 있도록 사망자의 이름과 생김새, 옷차림 등을 적은 벽보를 붙였습니다. 상무관 앞에는 분향을 하러 온 시민들로 긴 줄이 생겼습니다.

도청 앞 분수대 위에는 자유 발언대가 만들어졌고, 그 발언대를 중심으로 23일부터 26일까지 '민주 수호 범시민 궐기 대회'가 열렸습니다. 대회가 열리면 시민들이 그 앞에 모여서 목숨을 잃은 사람들을 위해 묵념하고 애국가를 불렀습니다. "민주주의 만세."는 한 번에 세 번씩 외치곤 했습니다.

학생, 노동자, 농민, 주부, 교사, 상인 등 나이와 직업에 상관없이 누구나 자유롭게 발언대에 올라 자기 의견을 이야기하고 해결책을 찾았습니다. 고등학생들도 발언대에 올랐습니다. 고등학생 수습위원장 최치수는 단상에 올라 또래 친구들에게 이런 제안을 했습니다.

제가 이 자리에 올라온 것은 데모를 하자거나 누구를 쳐부수자고 선동하기 위해서가 아닙니다. 이런 일은 어른들께 맡겨두고 우리는 거리를 정리하는 등 고등학생들이 할 수 있는 일을 합시다.[37]

이 말을 들은 고등학생 200~300명은 시민군을 위해 밥을 짓는 여성들을 돕거나 집집마다 돌아다니며 쌀을 얻어 왔습니다.

참혹한 슬픔 속에서도 스스로 민주주의를 지킨다는 생각은 마음속에 뿌듯한 느낌을 불러왔습니다. 당시 고등학생이었던 이홍재는 '신이 났다'는 말로, 그런 뿌듯함을 표현하기도 했습니다.

그냥 신나죠. 엄청 신이 났었죠. 우리가 진짜 무슨 국가를 위해서, 우리 민주주의를 위해서, 뭔가를 하고 있다는 뿌듯한 느낌이 대단했었죠. 정신없이 한 거니까. 만약에 그런 새로운 몸에서 느껴지는 그런 것들이 없었으면, 이런 일을 한다는 것이 어렵죠.[38]

광주를 지키고 수습하려는 시민들의 노력은 밤낮으로 이어졌습니다. 비교적 건강한 사람들은 다친 이들을 위해 모금이나 헌혈을 했습니다. 동네 가게와 약국에서는 생필품과 빵, 음료수, 약품 등을 기꺼이 내놓았습니다. 공무원들도 자리를 지키면서 식량과 전기, 수도 공급이 잘되도록 지원해 주었고, 쌀이 부족하자 시청에 비축해 둔 쌀을 사용할 수 있도록 열심히 도왔습니다.

5·18 민주화 운동 전경화 중 제5화 「대동세상」.
(사)아시아역사문화연구원 제작 2010.

대학생들 중심의 학생수습위원회는 방송을 통해 총을 가지고 있는 사람은 함부로 쏘아 시민들을 놀라게 하지 말라고 당부했고, 예비군들은 우체국, 전신 전화국 등에서 경비를 섰습니다. 공공건물은 모두의 재산이니 피해를 입히면 안 된다고 생각했기 때문입니다.

도청을 접수한 시민군은 차량 통행증과 유류 보급증, 도청 상황실 출입증을 발급하며 시내 치안을 유지하기 위해 힘썼습니다. 언제 다시 쳐들어올지 모르는 계엄군에 맞서, 조직을 정비하고 기동 순찰대를 편성하고 시 외곽에 바리케이드를 쳤습니다. 학생수습위원회는 총기 회수반, 차량 통제반, 수리 보수반, 질서 회복반, 의료반 등을 운영했습니다. 한편 신부와 목사, 변호사, 교수 들로 구성된 시민 대표들은 시민수습대책위원회를 꾸려서 계엄 당국과 협상을 계속해 나갔습니다.

이런 노력 덕분에 광주는 질서를 유지하면서 빠르게 안정을 찾아 갔습니다.

만약 어느 도시에서 치안이 사라진다면, 즉 경찰이 모두 사라진다면 어떻게 될까요? 잘못을 저질러도 처벌할 사람이 없다면? 남의 집 담을 넘는 도둑들, 은행마다 들이닥쳐 자루 한가득 돈을 실어 나르는 강도들, 내키는 대로 거리에 불을 지르며 화를 푸는 이들로 도시는 큰 혼란에 빠질지도 모릅니다.

계엄군이 시 외곽으로 철수한 21일 이후부터 다시 진입해 들어온 27일까지 광주는 사실상 치안이 사라진 '무정부 상태'였습니다. 군인도 경찰도 없었지요. 하지만 광주는 혼란에 빠지지 않았습니다. 오히려 그와 정반대였습니다. 도시는 무척 안전했습니다. 광주가 얼마나 평화로웠는지 잘 보여 주는 사실이 있습니다.

당시 광주 시내 42개 은행에는 약 1,500억 원의 현금이 있었고, 각 기업체와 도청에도 많은 현금이 있었습니다. 하지만 항쟁이 일어난 열흘 동안 단 한 곳도 털리지 않았습니다. 단 한 건의 약탈도 없었지요. 심지어 항쟁 기간 시민군 본부로 쓰인 도청에서는 어느 공무원이 책상 서랍 속에 넣어 두었던 월급봉투가 그대로 남아 있었습니다. 5,000여 정이 넘는 총기가 광주 시내에 있었다는 점을 생각하면 놀라운 일이지요.

나중에 이런 이야기가 알려지면서 사람들은 깜짝 놀랐습니다. 미국 학자 조지 카치아피카스는 프랑스에서 만들어졌던 '파리 코뮌'을 떠올리기도 했지요.

파리 코뮌은 1871년 3월 28일부터 5월 28일까지 62일간 파리 시민들이 만든 자치 정부, 자치 공동체입니다. 코뮌이란 공동체를 뜻하지요. 파리 코뮌이 만들어진 배경은 이러합니다. 1871년 1월 프랑스는 프로이센과의 전쟁에서 크게 패했습니다. 프랑스는 50억 프랑이라는 배상금을 내고 알자스-로렌 지방을 넘겨주는 굴욕적인 조약을 맺어야 했지요. 원하지도 않았던 전쟁과 조약에 따른 고통은 오롯이 국민들의 몫이 되었습니다.

특히 파리 시민들의 불만이 컸습니다. 파리는 프로이센이 포위했던 탓에 식량난이 극심해 쥐와 고양이까지 잡아먹으며 전쟁을 치러야 했지만 그러면서도 끝까지 저항했으니까요. 파리 시민들의 불만은 시내 곳곳에서 저항으로 이어졌습니다. 정부는 파리 시민들이 무장봉기할까 두려워, 전쟁 때 파리 방어를 담당했던 국민방위군에게 나누어 준 대포를 거두어 가려 했습니다. 그러자 파리 시민들은 대포를 지켰고 병사들은 시민들을 향해 총을 쏘라는 정부 명령을 거부했습니다. 파리 코뮌은 그렇게 시작되었습니다.

3월 28일, 시민 대표로 뽑힌 랑비에는 파리 시청 앞 광장에서 "민중의 이름으로 코뮌이 선언되었습니다."라고 외침으로써 국민들을 불행하게 만든 국가 권력에 맞서 자치 정부(파리 코뮌)를 선언

프랑스 사진가 피에르앙브로즈 리슈부르의
「1871년 4월, 파리 코뮌의 바리케이드」, 1871.

했습니다. 그렇게 그들은 바리케이드를 사이에 두고 정부군과 맞
섰습니다.

이후 코뮌 안에서는 자유와 평등, 인권을 확대하는 다양한 정책
이 펼쳐졌습니다. 여성의 참정권 보장, 무상 교육, 아동 노동 금지,
노동 시간 제한 같은 정책들이 대표적이지요. 당시의 시대에 비추
어 보면 매우 앞서간 것이지요. 코뮌 안에서는 계급이나 권력, 지

위에 따른 높고 낮음이 없었습니다. 혁명가, 노동자, 청소년, 여성, 경찰, 군인, 넝마주이, 부랑자 등이 한데 어울려 낮에는 마음껏 토론하고 밤에는 춤을 추며 놀았습니다.

정부는 파리 시민들을 폭도라 부르며 파리를 포위했지만 정작 파리 시내는 질서 정연하고 평온하기만 했습니다. 학교와 병원, 공연장도 문을 열었고 도둑질이나 약탈은 일어나지 않았습니다.

그래도 정부는 파리 코뮌을 끝내 인정하지 않았습니다. 결국 5월 21일 정부군은 바리케이드를 넘어 파리 시내로 진격했습니다. 이에 맞서 코뮌 위원회는 시민들에게 "무기를 들어요! 시민 여러분, 무기를 들어요!"라고 외쳤고 시민들은 "자유로운 삶, 아니면 죽음을!"이라고 외치며 저항했습니다.

그러나 잘 훈련된 군대를 막기에는 역부족이었습니다. 5월 21일부터 28일까지, '피의 일주일'이라 불리는 기간 동안 정부군의 학살에 파리 거리는 피로 물들었습니다.

파리 코뮌은 비록 62일 만에 무너졌지만, 시민의 힘이 무엇인지 잘 보여 준 사례로 손꼽힙니다. 시민들은 공동체의 주인으로서 역할을 다했던 것이지요. 파리 코뮌은 국가나 경찰, 군대와 같은 권력 없이도 시민들이 얼마든지 안전하고 평화로운 공동체를 꾸려 갈 수 있다는 것을 보여 주었습니다.

1871년 파리와 1980년 광주, 시간과 공간은 서로 다르지만 두 도시 시민들이 만든 공동체는 많이 닮았습니다. 비록 일주일도 채 안

되는 기간이었지만, 그때의 광주는 파리 코뮌과 같은 따뜻한 공동체였습니다. 광주 시민들은 다른 사람의 목숨을 구하기 위해 거리로 뛰어들었고 언제 죽을지 모르는 절박한 상황에서도 피를 나누고 밥을 나누며 함께했으니까요. 파리에서 다양한 사람이 서로 어울려 토론하고 기쁨을 나누었듯 광주에서도 대학생, 회사원부터 신문팔이까지 서로 어울려 네 것 내 것 없이 나누고 도왔습니다.

2011년 '5·18 민주화 운동 기록물'이 유네스코 세계기록유산으로 등재될 때 세계기록유산 국제자문위원장 로슬린 러셀은 등재 이유를 설명하며 이렇게 말했습니다.

주먹밥을 서로 나누고 헌혈을 자청하며 시민 스스로 공동체를 유지하고 질서를 지켰던 유례없이 높은 시민의식을 높이 평가한다.[39]

6

1980년의 전남도청

도청에서 보낸
마지막 날

항쟁자의 눈빛은 차분했다.
그러나 죽음을 예고하고 있었다.[40]

브래들리 마틴, 미국 『볼티모어선』 기자

21일, 계엄군이 시 외곽으로 빠져나간 뒤, 시민수습대책위원회의 가장 큰 고민은 총기였습니다. 공수 부대의 집단 발포에 맞서 광주 인근 지역에서 가져온 무기를 누가 얼마나 갖고 있는지 알 수 없었습니다. 청소년들까지 총을 손에 들거나 수류탄을 목에 걸고 다니는 상황이었지요. 사고에 대한 불안감이 커지자 시민수습대책위원회는 일단 무기를 모두 거두어들여서 안전하게 관리하는 것이 낫겠다고 판단했습니다.

학생수습위원회가 앞장서 무기를 걷었고 23일이 되자 시민수습대책위원회는 그중 150여 정을 가지고 가 계엄군과 협상을 벌였습니다. 그러나 계엄군은 무조건 무기를 반납하라, 그러지 않으면 더 크게 공격하겠다고 위협했습니다. 시민수습대책위원회는 가져간 총기를 반납하고 그 대신 계엄군이 연행해 갔던 시민 34명을 데리고 돌아왔습니다.

그날 도청 앞 광장에서는 많은 시민이 모여 협상을 하러 간 수습 위원들을 기다리고 있었습니다. 시민들은 협상 결과를 듣고 크게 실망했습니다. 그리고 무기 반납을 두고 큰 논란이 벌어졌습니다.

무조건 무기를 반납하자는 주장과, 시민들의 요구가 받아들여진 뒤에 반납하자는 주장이 팽팽하게 맞섰습니다. 군의 요구대로 반납하자는 사람들은 34명을 풀어준 것을 보니, 무기만 모아 반납하면 시민들의 요구를 받아들여 줄 것 같다고 생각했습니다. 만약 반납하지 않으면 다시 광주를 공격할지 모른다고 두려워했지요.

하지만 반대하는 의견도 만만치 않았습니다. 이들은 계엄군의 과잉 진압을 인정하고 발포 명령 책임자를 처벌할 것, 국가 책임자는 사과하고 보복하지 말 것 등 시민들의 요구 사항이 받아들여진 뒤에 무기를 반납하자고 주장했습니다. 적어도 광주 시민들을 '폭도'로 모는 입장만이라도 바꾸어야 총기를 반납할 수 있다고 주장했지요.

시민수습대책위원회는 무엇보다 더 큰 희생을 막아야 한다는 판단 하에 무기를 반납하는 쪽으로 결론을 내렸습니다. 도청과 광주공원에 무기 접수처가 마련되었고 25일까지 시민들이 가지고 있던 5,000여 정 가운데 4,500여 정의 총기가 회수되었습니다. 그리고 총기 반납을 반대하던 사람들은 최후까지 무장 투쟁을 할 것을 다짐하며 새로운 항쟁 지도부를 만들었습니다.

25일, 궐기 대회에 모인 사람들에게 한 가지 반가운 소식이 들렸습니다. 미7함대 소속 항공모함이 부산에 왔다는 것입니다. 이 소식이 전해지자, 사람들은 미국이 광주 시민들을 도우러 온 것이라고 보고 기뻐했습니다. 그때까지만 해도 많은 사람이 미국은 자유와 민주주의를 앞장서서 지키는 국가라고 생각했기 때문입니다.

하지만 이런 기대는 부질없는 것이었습니다. 미국은 5월 18일 이전부터 전두환과 신군부가 군대를 광주로 움직이는 것을 알면서도 계속 모른 체하거나 그저 내버려 두고 있었습니다. 이런 태도는 최후의 그날까지도 달라지지 않았습니다. 시민들이 미국에 한 가닥 기대를 품었던 그날, 계엄군은 '상무 충정 작전'이라 불리는 광주 소탕 작전을 확정지었습니다.

죽음의 행진

26일 새벽, 전남도청 상황실. 시 외곽을 지키고 있던 시민군에게 다급한 소식이 들어왔습니다. 탱크 2대가 바리케이드를 짓부수고 광주 농성동까지 밀고 들어오고 있다는 소식이었습니다. 뒤이어 운암동 쪽에서도 탱크가 나타났다는 연락이 왔습니다. 도청에 있던 항쟁 지도부는 즉시 전 시민군에게 계엄군이 쳐들어오니 대비하라고 전했습니다. 도청 안은 몹시 술렁거렸습니다. 계엄군의 무

력 진압이 어떤 결과를 가져올지 명확했기 때문입니다. 도청에서
밤새워 회의를 한 수습 위원 중 김성용 신부가 '죽음의 행진'을 제
안했습니다. 계엄군의 탱크가 광주 시내로 들어오지 못하도록 몸
으로라도 탱크를 막아 보자는 비장한 마음이었습니다.

우리들이 총알받이가 됩시다. 탱크가 있는 곳으로 걸어갑시다. 광주 시
민들이 다 죽어 가는데 우리가 먼저 탱크 앞에 가서 죽읍시다.[41]

그 말을 들은 수습 위원들과 항쟁 지도부는 죽기를 각오하고 도
청을 나섰습니다. 그 뒤를 시민들이 하나둘 따르기 시작했습니다.
이들은 도청에서 출발해 금남로와 돌고개를 지나 탱크가 서 있는
농성동까지 약 4킬로미터를 한 줄로 서서 걸었습니다. 계엄군과
마주한 시민은 수백 명이 넘었습니다. 수습 위원들과 항쟁 지도부
는 아예 도로 위에 드러누웠습니다. 철수하지 않으면 여기서 죽겠
다는 강한 의지를 내보인 것이지요.
죽음을 무릅쓴 시민들의 요구에 마침내 탱크가 물러갔습니다.
시민들은 박수를 치고 만세를 불렀습니다. 그러나 계엄군이 언제
다시 밀고 들어올지 모르는 일이었습니다. 시민들은 불안했습니다.
시민수습대책위원회는 계엄군과 마지막 협상을 시도했습니다.
위원들은 평화적인 해결을 바랐지만 계엄군은 무장 해제와 총기
반납만 일방적으로 요구하다 밤 12시까지 상황을 수습하지 않으

면 군대가 들어갈 수밖에 없다고 못 박았습니다. 사실상 최후통첩이었습니다. 그러나 이는 들어줄 수 없는 요구였습니다. 총기 반납에 반대하는 사람들을 설득해서 남은 총기를 모두 모아 반납하기에는 시간이 너무 부족했기 때문입니다.

시민들은 도청 앞 광장에 모여 궐기 대회를 열고 '계엄령 해제'와 '민주 정부 수립'을 외치면서 이 요구가 받아들여질 때까지 마지막 한 사람까지 싸우겠다고 선언했습니다. 그러나 그때 이미 신군부와 계엄군은 광주를 무력으로 진압하는 계획을 진행하고 있었습니다. 그 무렵 전두환 보안사령관은 특전사령관을 통해 전남북계엄분소장에게 "희생을 무릅쓰고서라도 광주 사태를 조기에 수습하라."라고 명령했습니다. 명령을 받은 계엄군은 광주를 진압하는 '상무 충정 작전' 개시 시각을 '5월 27일 0시 1분 이후'로 확정했습니다. 그리고 26일 공수 부대 특공조에게 도청과 전일빌딩 등 시민군의 주요 거점을 장악하라는 임무를 내렸습니다. 공수 부대는그날 오후 6시에 도청 진압을 위한 예행연습까지 마쳤습니다. 광주는 공수 부대를 포함한 4,000여 명의 계엄군에 둘러싸였습니다.

이 새벽을 넘기면

26일 오후 5시, 계엄군은 도청을 진압하겠다고 통보했습니다.

도청은 항쟁 지도부와 시민수습대책위원회가 있는 저항의 중심이 었습니다. 이곳을 진압함으로써 시민들의 저항을 완전히 짓밟겠 다는 의도였습니다. 항쟁 지도부는 궐기 대회에 와 있던 시민들에 게 계엄군의 통보를 알렸습니다. "끝까지 싸우자."라는 고함 소리 도 터져 나왔지만 시민들은 불안하기 짝이 없었습니다. 대회를 마 친 5,000여 명은 계엄군이 진을 치고 있는 곳으로 행진에 나섰고, 행진에 참가하지 않은 1,000여 명은 도청 앞을 서성거렸습니다.

도청에서는 시민군 대변인을 맡고 있던 윤상원이 외신 기자들 을 대상으로 기자회견을 열고 시민군의 입장을 밝혔습니다.

우리는 무한정으로 피를 흘리기를 원치 않습니다. 평화적으로 이 사태 가 해결되기를 희망합니다. (……) 탱크를 동원해 진압하겠다면 이 싸움에 서 어차피 질 수밖에 없지만, 그 같은 진압이 오늘의 사태를 해결하리라고 는 생각지 않습니다.[42]

당시 기자회견장에 있었던 미국 『볼티모어선』의 브래들리 마틴 기자는 기사에 이렇게 썼습니다.

항쟁자의 눈빛은 차분했다. 그러나 죽음을 예고하고 있었다.

저녁 7시 무렵 광주 시내에 남아 있던 외국인 207명이 철수했습니다. 항쟁 지도부는 도청 안에 있던 어린 학생과 여성 들을 집으로 돌려보냈습니다. 도청 옥상에 설치된 스피커에서는 시민군의 안내 방송이 흘러 나왔습니다.

여러분, 조국의 민주화를 위해 기꺼이 죽어도 좋다는 사람만 남고 나머지는 돌아가십시오. 오늘 밤 계엄군이 쳐들어오면 우리는 끝까지 싸울 것입니다.[43]

수백 명의 청년과 학생이 결사 항전을 다짐하며 끝까지 싸우겠다고 남았습니다. 당시 도청을 나와서 성당으로 갔던 조비오 신부는 그때의 심정을 이렇게 토로했습니다.

도청 정문을 나설 때, 한편으로는 비겁하게 나 혼자만 살기 위해 빠져나가는 것 같은 심정과, 또 한편으로는 저 많은 젊은이들이 아까운 목숨을 잃는 운명의 밤일지도 모른다는 생각이 들어 자꾸만 눈물이 흐르기 시작했다. 닦아도 닦아도 눈물은 걷잡을 수 없이 자꾸만 흘러내렸다.[44]

많은 시민이 쉽게 발길을 돌리지 못했습니다. 집으로 돌아간 사람도 있었지만 남아 있는 사람이 많았습니다. 도청 앞 YMCA 건물에 있다가 집으로 가라 하면 도청으로 가고 도청에서 가라 하면 다시 YMCA로 돌아오는 사람들도 있었습니다. 누구에게도 쉽지 않은 선택이었습니다. 도청에 남은 그 누구도, 돌아가는 사람들을 원망하지 않았습니다. 비겁하다고 생각하지도 않았습니다.

원망스럽다, 이런 것들은 별로 없었어요. 기왕에 나는 죽겠다고 생각을 했고. (……) 당신들은 살아서 다음에 제대로 이야기해 주겠지. (……) 10년이 갈지, 100년이 갈지. 그거야 모르지만은 언젠가는 이 얘기가 나오것지. 그렇게 생각을 했죠.[45]
(양인화, 당시 시민군)

밤이 되자 끝까지 도청을 지키겠다고 남은 시민들이 모였습니다. 그중에는 여성들과 고등학생들도 있었습니다. 시민군 대변인 윤상원은 이들에게 집으로 돌아가라고, 살아남아서 역사의 증인이 되어 달라고 강력하게 설득했습니다. 그러나 대부분은 끝까지 싸우겠다고 버텼습니다. 그날 밤 늦은 시각 마지막 회의에서 윤상원은 이렇게 말했습니다.

우리가 비록 저들의 총탄에 죽는다고 할지라도 그것이 우리가 영원히 사는 길입니다. 이 나라의 민주주의를 위해 끝까지 뭉쳐 싸워야 합니다. 그리하여 우리 모두가 불의에 대항하여 끝까지 싸웠다는 자랑스러운 역사를 남깁시다. 이 새벽을 넘기면 기필코 아침이 옵니다.[46]

항쟁 지도부는 결사 항전을 다짐한 시민들을 시내 주요 지점에 배치하고 최후의 결전을 준비했습니다.

우리를 잊지 말아 주십시오

밤 12시, 시내 전화가 끊겼습니다.

무서운 침묵이 온 도시를 덮었습니다. 시민들은 대문을 걸어 잠그고 솜이불로 창문을 가린 채 공포에 떨었습니다. 시간이 아주 천천히 흘렀습니다. 잠도 오지 않는 밤이 가고 있었습니다.

27일 새벽 3시 50분, 어둠과 침묵을 깨고 애절한 여성의 목소리가 도청 옥상의 스피커를 통해 광주 시내를 울렸습니다.

시민 여러분, 지금 계엄군이 쳐들어오고 있습니다. 사랑하는 우리 형제, 우리 자매 들이 계엄군의 총칼에 숨져 가고 있습니다. 우리 모두 계엄군과 끝까지 싸웁시다. 우리는 광주를 사수할 것입니다. 여러분 우리를 잊지 말아 주십시오.[47]

목소리는 처절했습니다. 방송을 들은 시민들은 가슴이 아팠습니다. 그러나 누구도 선뜻 집 밖으로 나설 수 없었습니다. 밖에서는 군인들이 골목골목을 누비고 있었습니다.

5·18 민주화 운동 전경화 중 제6화 「슬픈 전쟁」.
(사)아시아역사문화연구원 제작 2010.

방송이 끝나고 새벽 4시가 되자 총성이 울리기 시작했습니다. 계엄군은 부대를 셋으로 나눠 공수 부대 특공조는 전남도청과 그 주위 주요 거점을 장악하고, 다른 두 부대는 시 외곽을 봉쇄하면서 시내로 좁혀 들어왔습니다. 마침내 도청 앞에 다다른 계엄군은 서치라이트를 비추며 항복하라는 방송을 했습니다.

"폭도들에게 경고한다. 너희들은 완전 포위되었다. 무기를 버리고 항복하라."

뒤이어 공수 부대가 도청 뒷담을 넘어 들어왔습니다. 도청 건물로 들어간 공수 부대는 사무실마다 문을 걷어차고 수류탄을 던지며 닥치는 대로 총을 쏘았습니다. 여기저기서 비명과 고함이 들려왔습니다. 시민군은 공수 부대가 들어오는 것을 보면서도 차마 방아쇠를 당기지는 못했습니다. 두 손을 머리 위로 든 채 항복한 시민군 일부는 그 자리에서 사살되었습니다.

공수 부대의 총격은 새벽 5시가 지나며 멎었습니다. 도청은 공수 부대가 점령했습니다. 계엄군은 숨진 시민군들의 시체를 끌어내 확인 사살까지 했습니다. 부상을 입거나 사로잡힌 시민들은 마당에 엎드리도록 했습니다. 군인들은 땅바닥에 엎드린 시민들의 등 위를 군홧발로 쿵쿵거리며 밟고 다니며 등에 '총기 소지' '극렬' '실탄 소지' 같은 글자를 적었습니다. 등 뒤로 손이 묶인 사람들이 조금이라도 고개를 들면 곡괭이 자루로 내려쳤습니다. 사람들은 굴비처럼 엮여 군부대로 끌려갔습니다.

진압 작전 후 검색과 소탕 작업 중인 군인들.

이로써 열흘간의 항쟁은 끝이 났습니다.

살아남은 사람들의 슬픔

27일 아침, 총소리가 멈춘 시내는 다시 무거운 침묵 속에 잠겼습니다. 숨조차 크게 쉴 수 없었습니다. 진압을 끝낸 군인들이 부르는 군가와 「돌아온 병사」 「콰이강의 다리」 같은 행진곡만이 도청 앞 광장에서 울리고 있었습니다.

시민들은 무서워 집을 나설 수 없었습니다. 살아남은 사람들에게는 '폭도'와 '불순분자' 들이 일으킨 폭동에 가담한 범죄자로 몰

5·18 이후 다시 문을 연 학교 교실.
희생된 친구들의 자리에는 추모의 꽃이 놓였다.

리는 굴욕이 기다리고 있었습니다. 모멸감의 한편으로는 함께하지 못한 부끄러움과 죄책감도 밀려 왔습니다.

뒤이어 군인들의 집 수색이 시작되었습니다. 군인들은 집집마다 대문을 박차고 들어가 젊은이들을 끌어내 두들겨 팼고, 조금이라도 저항하거나 의심이 들면 끌고 갔습니다. 이런 수색은 하루 종일 계속되었습니다. 마치 고기를 잡는 그물질을 하듯 군인들은 시 외곽에서 시내로 조여 왔다가 다시 시 외곽을 훑고 지나갔습니다. 시내 골목까지 지키고 서서는 시민들이 창밖을 내다보지도 못하게 했습니다. 사람들이 다니지 않는 텅 빈 거리를 군인들과 탱크가 지키고 있었습니다.

도청과 상무관에 있던 시신들은 청소차에 실려 망월동 묘지에 묻혔습니다. 끝내 가족을 찾지 못한 11구의 시신도 망월동에 묻혔습니다.

5월 31일, 휴교했던 초등학교들이 일제히 문을 열었습니다. 오랜만에 등교하는 2학년 학생에게 한 기자가 선생님을 만나면 무슨 이야기를 하고 싶으냐고 물었습니다. 아이는 "군인 아저씨가 사람 죽인 이야기요."[48]라고 대답했습니다.

불의에 맞서 싸운 사람들

　프랑스 출신의 위대한 조각가 오귀스트 로댕의 대표작 중에 「칼레의 시민」이 있습니다. 이 작품은 14세기에 영국과 프랑스 간에 일어난 백년 전쟁 당시의 일화를 주제로 한 것입니다.

　프랑스의 작은 항구 도시인 칼레는 전쟁 중에 영국군에게 포위되었습니다. 시민들은 용감하게 싸웠지만 더 이상 버티기 힘들다고 판단하고 항복하기로 결정했습니다. 그런데 영국 왕 에드워드 3세는 항복의 대가로 칼레의 시민 6명을 처형하겠으며 그 6명은 알아서 정하라고 명령했습니다. 그러자 외스타슈 드 생 피에르를 비롯한 6명의 시민이 스스로 그 희생양이 되겠다고 나섰고 이 6명의 용기에 감복한 에드워드 3세가 이들을 살려 주었다고 합니다.

　몇 백 년 뒤 로댕은 이 아름다운 이야기를 바탕으로 조각 작품 「칼레의 시민」을 만들었습니다. 그런데 작품을 본 시민들은 깜짝 놀랐습니다. 더러는 크게 화를 냈습니다. 로댕이 만든 6명의 시민은 초연하고 담대한 모습이 아니라 죽음 앞에서 겁을 잔뜩 집어먹은, 고통받는 모습이었기 때문입니다. 그 이유에 대해 로댕은 이렇게 설명했습니다.

프랑스 파리의 로댕미술관에 전시되어 있는 「칼레의 시민들」.

내가 칼레의 시민들을 영웅적으로만 묘사했다면 이들의 영웅적인 희생에 깔려 있는 인간적이고 평범한 고뇌를 결코 사실적으로 드러내지 못했을 것이다.[49]

역사를 보면 결정적 순간에 초인적인 용기를 낸 비범한 인물들이 많이 등장합니다. 그런데 만약 이들이 태어날 때부터 '원래' 용기 있는 사람들이었다면 우리같이 평범한 사람들이 이들의 삶에서 배울 수 있는 것은 그리 많지 않을지도 모릅니다. 하지만 이런 인물들 역시 고통, 두려움, 좌절과 숱하게 마주해야 했습니다.

칼레의 시민들처럼 1980년 5월 광주 시민들 역시 평범한 사람들입니다. 친구가 죽었는데, 나만 혼자 집으로 돌아가겠느냐며 끝내 도청에 남은 문재학은 고등학생이었습니다. 항쟁 기간 내내 투사회보를 만든 박용준은 신용협동조합에 다니던 회사원이었고, 시민군 대변인 윤상원은 들불야학 교사였습니다. 그들은 "누군가의 가족이었고 이웃이었으며 평범한 시민이었고 학생이었습니다."[50] 광주 시민들은 특출한 담력의 소유자도 아니었고 인품이나 도덕성이 남달리 높은 것도 아니었습니다. 그럼에도 계엄군 앞에서 끝내 물러서지 않았습니다.

5·18 기간 내내 광주에서 많은 사람이 싸웠지만, 그중에서도 많은 이들이 최후의 날, 도청에 남았던 사람들을 더욱 가슴 아프게 기억합니다. 이들은 말 그대로 '죽음을 각오하고' 싸웠기 때문입니다.

계엄사령부는 5월 27일 마지막 진압 작전 때 사망한 사람이 약 25명, 체포되고 연행된 사람은 약 200명이라고 발표했습니다. 그러나 누구도 이 발표를 믿지 않았습니다. 당시 도청에서 사로잡혔던 시민군 상황실장 박남선은 마지막 항쟁이 있던 그날 도청 안에 500~600명의 시민군이 있었다고 증언했습니다. 이날 새벽 도청에서 숨진 사람이 몇 명인지는 지금까지도 정확히 밝혀지지 않았습니다.

그날 새벽 도청 안에 남은 사람들 중에, 공수 부대와 싸워서 이길 수 있다고 생각한 사람이 있었을까요? 아마 없었을 겁니다. 합리적인 사람이라면 도청에 남는다는 것은 곧 죽는 것과 다름없음을 알 수 있었습니다. 그럼에도 그들은 끝까지 남았고 비참한 최후를 맞았습니다.

이와 비슷한 선택을 한 사람들은 우리 역사 속에 더 많이 있습니다. 일제가 우리 땅을 유린하던 때 분연히 일어섰던 동학 농민군이나 항일 의병, 만주와 연해주에서 독립운동을 했던 독립군들도 마찬가지였습니다. 죽창과 농기구, 보잘것없는 구식 총으로 무장한 그들은 일본군의 월등한 무기 앞에 속수무책이었습니다. 그럼에도 그들은 끝까지 싸웠습니다. 그들이 원한 것은 돈도, 명예도, 이름을 남기는 것도 아니었습니다. 구한말 우리나라의 의병을 취재했던 캐나다인 기자 프레더릭 매켄지가 경기도에서 만난 한 의병은 이렇게 말했습니다.

우리는 죽을 수밖에 없을 것입니다. 그러나 그것으로 좋습니다. 일본의 노예로 살기보다는 자유로운 인간으로서 죽는 편이 훨씬 낫습니다.[51]

그들 중 많은 이가 목숨을 잃었고, 대부분 역사에 이름 한 줄 남기지 못했습니다. 역사는 그들을 '의병 아무개'로만 기억합니다. 그러나 우리는 그들이 어리석었다고 하지 않습니다. 대한민국의 역사는 그들의 의로운 목숨이 국가와 민족을 지켜 냈다고 기억합니다.

1980년 도청 안에서 죽을 줄 알면서도 끝까지 자리를 지켰던 수많은 사람을 우리는 어떻게 기억해야 할까요? 그들이 없었다면 광주는 어떻게 되었을까요? 용접공 나명관은 이렇게 말했습니다.

계엄군이 도청에 들이닥쳤는데 다 도망가고 아무도 없었다고 생각해 보십시오. 역사가 1980년 광주를 어떻게 기록했겠습니까? 상원이 형을 비롯해 도청에 남아 있었던 사람들 때문에 5·18이 폭동이 아니라 민중 항쟁으로 기록될 수 있는 겁니다.[52]

2007년 개봉한 영화 「화려한 휴가」에서 시민군 대변인 윤상원을 모티프로 한 인물인 시민군 '민우'는 26일 밤 마지막까지 남은 시민군들을 향해 이렇게 이야기합니다.

"오늘 우리는 패배할 것이다. 그러나 내일의 역사는 우리를 승리자로 만들 것이다."

실제 윤상원은 이렇게 이야기한 바 있습니다.

이 싸움을 마무리할 사람이 필요합니다. 우리가 역사 앞에 부끄럼 없이 서기 위해서는 누군가가 목숨을 걸어야 합니다. 시민군과 함께 저는 최후까지 싸울 것입니다.[53]

조비오 신부는 이들의 죽음에 대해 "불의에 항거한 젊은이들의 피는 광주뿐만 아니라 우리나라 역사를 도탄에서 구할 수 있는 의로운 피가 될 것이다."[54]라고 했습니다.

1980년 5월 도청에 남았던 시민군들의 죽음은, 꺼져 가던 우리나라의 민주주의를 다시 일으켜 세웠습니다.

2부

오월, ────────────────────────────────

역사가 되기까지

7

오월
그날이 다시오면

광주의 진실을
알린 비디오

진실을 찾는
여정

물론 나는 알고 있다. 오직 운이 좋았던 덕택에
나는 그 많은 친구들보다 오래 살아남았다.
그러나 지난밤 꿈속에서
이 친구들이 나에 대하여 이야기하는 소리가 들려 왔다.
"강한 자는 살아남는다."
그러자 나는 자신이 미워졌다.[55]

베르톨트 브레히트 「살아남은 자의 슬픔」 중에서

가족을 잃은 사람들, 가족이 감옥에 갇힌 사람들,
몸과 마음을 다친 사람들은
아픔을 살필 겨를도 없이 진실을 알리는 투쟁에 나서야 했습니다.
많은 시민이 빚진 마음으로 이들과 함께했습니다.

유족, 세상을 떠난 사람의 가족을 일컫는 표현입니다. 소중한 가족을 잃었으니, 유족들은 누구보다도 많은 위로와 치유가 필요하지요. 5·18 이후 광주에는 많은 유족이 생겨났습니다.

2017년까지 광주시가 파악한 바에 따르면 5·18 항쟁 기간에 발생한 피해자는 총 4,634명으로, 사망자 155명, 부상 후 사망자 110명, 행방불명자 81명, 부상자 3,378명, 기타 910명입니다. 이것이 다는 아닙니다. 지금도 암매장에 대한 의혹과 신고가 계속되고 있지요. 또한 항쟁 이후에 구속된 사람도 1,000여 명이 훌쩍 넘습니다.

많은 희생자만큼 유족도 많았습니다. 이들은 미처 상처를 보듬을 새도 없이 '투사'가 되어야 했습니다. 광주의 진실을 세상에 알려야 했기 때문입니다. 광주, 혹은 5·18을 입에 올리기만 해도 잡아가던 시절, 유족을 비롯해 5·18 희생자 가족들은 누구보다 앞장서서 광주의 진실을 알리는 긴 여정에 나섰습니다.

망월동에서 열린 추모제

희생자 가족 중 유족들은 1980년 '5·18광주의거유족회'를 만들어 아픔을 함께 나누고 공동의 문제에 대처해 나갔습니다. 유족회 활동은 시작부터 쉽지 않았습니다. 신군부는 물론 1980년 9월 1일 대통령 자리에 오른 전두환이 끊임없이 활동을 방해했기 때문입니다. 그저 모임을 갖는 것조차 어려웠습니다. 집에서 몇몇이 모이기라도 하면 경찰이 그 집을 에워싸고 보초를 서며 감시할 정도였지요.

전두환과 노태우는 물론이고 서울에서 이른바 '높은 사람'이 광주에 올 때면 그들의 귀에 5·18 이야기가 들어갈세라 경찰은 유족회 사람들이 집 밖에 나오지 못하게 하거나 심지어 잡아가기도 했습니다. 집회에 참석했다가 끌려가서 먼 곳에 버려진 사람도 있습니다. 재수생 아들을 잃은 김정복 씨가 그런 일을 당했습니다.

어떨 때는 경찰이 우리는 어디인지도 모르는 곳에 데려다 놓고 가 버린 적도 많았다. 어떤 사람은 제주도에 버려지기도 했다. 차에 실려 부당함을

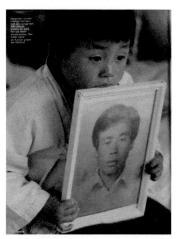

1980년 6월 19일 독일 잡지 『퀵(QUICK)』에 실린,
5·18 희생자의 영정을 든 어린이의 모습.

항의하면 경찰들은 차내에 최루탄 가스를 뿌리거나 심지어는 마취제를 뿌리기도 했다. (……) 파출소란 파출소는 안 잡혀간 데 없이 갔을 것이다.[56]

신군부는 단지 감시만 하는 것이 아니었습니다. 형편이 어려운 유족에게는 유족회에 참여하지 않으면 공원 입장권 판매소나 시외버스 승차권 매표소를 분양해 주겠다는 식으로 회유하기도 했습니다. 이러한 방해에도 불구하고 유족들은 모임을 계속해 나갔습니다.

항쟁 이듬해, 유족들은 광주 외곽에 있는 망월동에서 첫 합동 추모제를 열었습니다. 망월동은 원래 시립 묘지가 있던 곳입니다. 도청이 계엄군에 점령된 이틀 후인 5월 29일, 상무관에 모셔져 있던 시신들이 이곳에 묻혔지요. 이후 망월동은 5·18의 희생과 저항을 상징하는 공간이 되어 갔습니다.

그런데 5·18을 '폭동'이라고 규정한 전두환 정권은 유족들이 다 함께 추모제를 여는 것을 허락하지 않았습니다. 각자 집안 제사로 지내라고 강요했지요. 우여곡절 끝에 열린 첫 추모제, 경찰들이 곳곳에서 감시하고 있었지만 몇몇 대학생과 시민은 산길로 숨어 들어와 첫 추모제를 함께했습니다. 망월동 추모제는 이듬해에도, 그 다음 해에도 계속 이어졌습니다. 1980년대 내내, 희생자 가족들과 시민들은 추모제를 열어 전두환 정권에 저항했습니다.

이외에도 희생자 가족들은 학살 책임자 처벌, 폭력 정권 퇴진, 피해 배상 등을 주장하며 시위를 벌이기도 하고 대학이나 시민 단체 등에서 강연도 열심히 했습니다. 5·18 진상 규명을 위한 전국적 서명 운동도 하고 사진전도 열었습니다. 광주의 진실을 알리는 사진첩, 비디오테이프, 손수건, 티셔츠 등도 만들어서 판매했지요.

특히 여성들은 누구보다 치열하게 싸웠습니다. 여성들은 중요한 집회가 열릴 때마다 희생자의 가족임을 알리기 위해 소복을 입고 갔습니다. 하얀 소복은 희생된 사람들의 억울함과 함께, 진실이 밝혀질 때까지 장례는 아직 끝나지 않았음을 드러냈습니다. 정부는 다른 시민들의 눈을 의식해서라도 소복을 입고 싸우는 여성들을 함부로 대할 수는 없었습니다. 하얀 소복은 유족들의 슬프지만

신승영 「5월 어머니」, 2017년 5·18 전국 사진 대전 특선작.

강력한 무기였습니다.

유족뿐만 아니라 부상자들도 발 벗고 나섰습니다. 5·18 당시에는 억울하게 다친 사람들이 적지 않았습니다. 도청과 거리에서 적극적으로 싸우다 다친 사람들도 있었지만 길을 가다가, 영화를 보다가, 차를 마시다가 그냥 그곳에 있었다는 이유로 폭행을 당한 사람도 많습니다. 국가로부터 치료와 위로를 받아야 할 사람들이지만, 이들에게도 감시와 탄압이 비껴가지 않았습니다. 경찰이 수시로 집에 찾아와 괴롭히기 일쑤였지요.

부상자들은 1982년에 '5·18광주의거부상자회'를 결성했습니다. 움직임이 불편한 사람도 많았고, 계속되는 치료에 몸과 마음이

지치고 형편도 어려워진 사람이 많았기 때문에 모임을 만드는 것이 쉽지는 않았습니다. 게다가 경찰들이 병원까지 찾아와 부상자들을 감시했지요. 경찰은 치료라도 제대로 받고 싶으면 모임 만드는 일을 당장 그만두라고 협박하기도 했습니다.

하지만 부상자회는 5·18의 살아 있는 증거로서 굴하지 않고 싸웠습니다. 1982년에는 국회의장과 만나 지속적인 치료 지원, 구속자 석방 등을 요구했습니다. 1983년에는 청와대 정문 앞에 가서 "5·18 진상 규명하라." 하고 외치며 시위를 했습니다.

구속자가족회, 갇힌 이들을 지키려고

구속자와 그 가족 들도 열심히 싸웠습니다. 5·18 항쟁 기간 동안과 항쟁이 끝난 이후 많은 사람이 경찰서와 교도소에 갇혀 있었습니다. 시위를 하다 잡혀간 사람들도 있었지만 거리에서, 학교에서, 직장에서, 심지어는 집에 있다가 잡혀가기도 했습니다. 그 과정에서 군인과 경찰 들은 모욕이나 고문도 서슴지 않았습니다. 평범한 시민들을 '빨갱이'나 '폭도'로 몰아서 이들에게 국가 내란죄 같은 무시무시한 죄를 덮어씌우려 했습니다. 구속자들은 집단 단식 등을 통해 저항했습니다.

구속자들이 감옥 안에서 싸울 때 그들의 가족은 감옥 밖에서 싸윘습니다. 대다수가 여성이었던 이들은 감옥에 갇힌 아들딸과 남편을 지켜 내기 위해 1980년 9월에 '구속자가족회'를 만들어 싸웠습니다. 구속자들이 언제 어떻게 될지 모르는 상황에서 이들이 '빨갱이'나 '폭도'가 아님을 밝히려면 5·18의 진실을 알리는 것이 무엇보다 중요했습니다.

> 남편의 사형을 면하기 위해 전국을 돌아다니며 서명 작업도 하고 김수환 추기경님 집무실을 점거 농성도 했습니다. 손가락을 잘라 혈서도 써 보기도 했습니다. 서른 살의 철부지 아내가 사형수의 아내가 되는 이 시대의 희생자요, 이 시대가 만들어 낸 투사가 되기도 했습니다. 머리채가 잡히고 곤봉과 방패에 맞아 가면서도 무서운 것 없이 덤벼들고 싸우고 그러다 보니 광주에서 사나운 여자, 독한 여자, 무서운 여자로 불리게 되었습니다.[57]
> (이명자, 구속자가족회 회원)

구속자가족회 회원들은 전국을 누비며 국내외 성직자, 전·현직 대통령, 주요 국가의 대사 등을 찾아가 호소하고 탄원서를 보냈습니다. 또 세계적인 인권 단체인 국제사면위원회를 통해 5·18의 진실과 구속자들의 상황을 세계에 알렸습니다.

이들의 치열한 투쟁 결과 마침내 1982년 12월, 사형수를 포함해 5·18 관련 구속자가 모두 석방되었습니다. 구속자가족회는 이후 5·18 유가족, 부상자회를 비롯해 여러 민주화 운동 단체와 손을 잡

왔고 1986년에는 '민주화실천가족운동협의회(민가협) 광주 지부'
가 되어 전두환 독재 정권에 저항하다 희생된 전국의 많은 이들과
함께하게 됩니다. 그중 여성 회원들을 중심으로 '오월어머니집'이
라는 단체도 만들어졌습니다.

5·18 비디오를 틀다

5·18 당시에도 시민수습대책위원회에 참여하는 등 활발히 활동
했던 종교계도 5·18의 진실을 알리는 데 큰 몫을 했습니다. 특히
천주교 사람들이 열심이었습니다. 5·18 직후인 1980년 6월 1일, 광
주대교구 사제단은 '광주 사태에 대한 진상'이라는 글을 발표했습
니다. 계엄군의 만행과 당시 상황을 조목조목 밝히며 "그들이 스
스로 저지른 잔인한 만행에 대해 추호도 양심의 가책을 느끼지 못
하고 있다는 것은 참으로 통탄할 일이다."라고 끝맺은 성명서는
전국에 뿌려졌습니다.

신부들의 개인적인 증언도 잇따랐습니다. 5·18 당시 시민 수습
위원이었던 김성용 신부는 1980년 6월에 「분노보다는 슬픔이」라
는 제목의 글을 써서 자신이 겪은 내용을 이야기했습니다.

아! 이것이 나의 마지막 미사가 아닐까? 어디선가 총탄이 나의 머리통

을 부수고 가슴에선 피가 솟아 하얀 제의를 빨갛게 물들일 것만 같았다.
(······) 달빛에 희미하게 집들이 보이지만 어느 한 곳에도 불빛은 보이지
않는다. 무서운 밤이다.[58]

이 글은 국내는 물론 해외로까지 전해져 광주의 진실이 알려지
는 데 보탬이 되었습니다.

천주교계는 구속자가족회와 함께 구속자들의 구명 운동에도 힘
을 쏟았습니다. 천주교 전국 네트워크를 통해 전국을 돌며 성직자
와 수도자 4,000여 명에게 서명을 받아 법원에 제출하기도 했습니
다. 1981년에는 대통령 전두환을 직접 만나 5·18로 유죄 판결을 받
은 사람들을 모두 사면해 줄 것을 요청했습니다.

천주교계는 유족회와 부상자회도 지원했습니다. 모임에 있는
사람들 중 사정이 어려운 사람이 생기면 학자금이나 병원비를 도
왔습니다.

천주교 광주교구는 매주 월요일마다 '5·18 희생자 및 구속자를
위한 월요 미사'를 열었습니다. 월요 미사는 구속자들이 모두 풀
려날 때까지 2년이 넘도록 계속되었지요. 또 매년 5월 18일을 전
후로 추모 미사를 열며 꾸준히 성명서를 발표했습니다. 이러한 광
주교구의 노력은 전국으로 퍼져서 해마다 5월 18일 무렵이면 전국
의 천주교 성당에서 성명서를 발표하고 추모 미사를 가졌습니다.
5·18 7주기였던 1987년, 당시 천주교 최고 사제였던 김수환 추기

경은 추모 미사에서 "광주의 아픔은 민족의 한"이라 강조하며 "현 정권은 마음을 비우고 국민 모두에 속죄해야" 한다고 말했습니다.

천주교계는 국제적인 네트워크를 활용하여 5·18의 진실을 전 세계에 알리기도 했습니다. 1980년 6월 10일 바티칸의 교황청에서는 「재로마 성직자·수도자가 드리는 글」을 통해 광주의 안타까움을 호소하고 희생된 광주 시민들을 위로했습니다.

5·18 사진전을 최초로 연 것도 천주교계였습니다. 『전남매일신문』의 나경택 기자가 제공한 사진을 중심으로 1987년 5월 16일부터 27일까지, 천주교 광주교구는 광주 가톨릭센터에서 「5·18 사진전—오월 그날이 다시 오면」을 열었습니다.

> 사진전을 하니깐 경찰들이 들어오는 입구를 막았어요. 통로이기 때문에 완전히 못 막고 들어가는 데를 좀 터놓고 막았는데 사람들이 그 사이로 줄을 서 버린 거예요. (······) 한 500미터 이상 줄을 섰거든요.[59]
>
> (남재희, 신부)

사진전을 열자 광주 시민들은 자신들이 찍었던 5·18 당시 사진을 가지고 와 몰래 놓아두고 가기도 했습니다. 사진전은 이후 부산, 서울, 대구 등 전국으로 확산되어 광주가 고립에서 벗어나게 되는 결정적 계기가 되었습니다.

5·18의 진실을 담은 이른바 '5·18 비디오'를 상영해 광주의 진

실을 널리 알린 것도 천주교계였습니다. 서울 명동성당에서는 그동안 몇몇 사람들만 몰래 돌려 보던 5·18 비디오를 1986년에 일반 시민들을 대상으로 첫 공식 상영합니다. 이때 상영된 영상은 미국 교포들이 만든 「오, 광주」였습니다. 힌츠페터가 만든 영상과, 일본의 NHK, 미국의 NBC, ABC 방송국에서 제작한 영상들을 편집해 만들었지요. 상영장 안은 사람들이 빽빽이 들어차 숨이 막힐 정도였습니다.

> 하루에 5번씩 상영했는데 한 번에 500여 명씩 보고 갔어요. 들어갈 수 있는 최대 인원이었습니다. 많은 사람들이 자리가 없어서 돌아가야 했으니까요.[60]
> (기춘, 1986년 당시 명동성당청년연합회 회장)

천주교 광주교구는 5·18 비디오를 직접 제작하기도 합니다. 1987년 장용주 신부는 독일에 유학을 갔다 돌아오는 길에 힌츠페터가 만든 「기로에 선 한국」을 비롯해 미국, 일본 등에서 만든 여러 필름을 가져왔습니다. 이들 자료를 편집해서 「오월, 그날이 다시 오면」을 만들었지요.

「오월, 그날이 다시 오면」은 전국의 대학가와 성당, 교회에서 널리 상영되었습니다. 광주의 진실을 직접 눈으로 확인한 사람들의 충격은 매우 컸습니다. 정부의 언론 통제로 신문과 방송에는 5·18의 진실을 알리는 사진 한 장 나오지 못하던 때 이런 영상들은 사람들의 세계관을 통째로 흔들었습니다. 많은 사람이 전두환 정권의 폭력성에 분노했으며 광주에 미안함을 느꼈습니다. 이는 전두환 정권의 정당성을 뿌리부터 흔들었습니다.

불교계와 개신교계도 힘을 보탰습니다. 항쟁 당시 천주교와 함께 시민수습대책위원회에 들어갔던 개신교계에서는 항쟁 직후부터 5·18의 진실을 담은 인쇄물을 만들어 나누어 주는가 하면, 기회가 될 때마다 성명서를 발표했습니다. 또 기독교비상구호위원회를 꾸려 병원과 교도소를 다니며 사람들을 위로하고 그들의 가정에도 찾아가 후원금을 전하고 함께 예배를 드렸습니다. 1981년부터는 5·18유족부상자돕기위원회라는 단체를 만들어 활동을 이어나갔고, 1984년부터는 위령탑을 세우고 기념사업을 하기 위해 애썼습니다.

신학대학교 학생들도 함께했습니다. 호남신학대학교 학생들은 1981년 학교 축제 대신 '민주주의는 죽었다'라는 제목으로 장례식을 열고 사진 전시회를 열었습니다.

불교계는 1980년 5월 30일 '광주시민돕기대책본부'를 세웠습니다. 광주 시민들을 위해 모금 운동을 하고 호소문을 발표하는 한편 법회도 열었습니다. 몇몇 불자들은 정부의 눈을 피해 지하 신문인 「자유언론」을 만들어 시민들의 목소리를 담았습니다.

(위) 광주의 진실을 알린 '5·18 비디오' 중 하나.
(가운데) 1987년에 열린 5·18 영상 상영회를 알리는 포스터.
(아래) 광주의 희생자들을 추모하고 정권을 비판하는 천주교계의 노력.

세상이 거꾸로 뒤집히는 충격

5·18의 진실을 알리고자 애쓴 사람들 중에는 1980년 '민주화의 봄'을 이끌었던 대학생들도 있었습니다. 대통령 전두환은 어떻게든 국민들의 저항 운동을 막으려고 했는데 특히 대학생들이 대학 안에서 집회를 열거나 구호를 외치는 것을 금했지요. 정부를 비판하는 내용의 인쇄물을 갖고 있기만 해도 학생들을 잡아갔습니다. 경찰들이 경찰복이 아닌 사복을 입고 대학 안까지 들어와서 학생들을 감시하는 시절이었습니다.

감시가 일상인 현실에서 1980년대 초반 대학생들은 주로 교내 시위, 인쇄물 배포 등으로 저항했습니다. 감시를 피하는 방식도 여러 가지였습니다. 1980년 경희대학교에서는 "전두환을 타도하라" "피의 광주 사태" 등이 쓰인 인쇄물이 강의실과 화장실 곳곳에 뿌려졌는데, 이 인쇄물은 필체를 감추기 위해 플라스틱을 오려 글자를 만든 뒤 종이에 붙인 것이었습니다. 학생들은 점심시간에 갑작스럽게 시위를 하거나, 밤새워 만든 인쇄물을 몰래 가져와 많은 학생이 모인 곳에 뿌리고는 재빨리 몸을 피했습니다. "광주의 죽음을 헛되이 하지 말자." 등의 내용을 담은 인쇄물이 전남대, 경북대, 부산대, 충남대, 고려대, 서강대, 성균관대 등 여러 대학교에 뿌려졌습니다.

도서관, 화장실 등에서 나돌던 유인물을 읽고 광주에서 전두환이 시민들을 학살했다는 사실에 분노했다. 유인물은 늘 "군사 파쇼 타도하자!"라고 끝나곤 했다. 그 유인물을 들킬까 봐 꼬깃꼬깃 접어 양말 밑에 감추고 서클룸에 갖고 와서는 떨리는 심장을 누르며 돌려 봤다.[61]

(박래군, 인권 운동가)

대학생들의 시위는 시간이 갈수록 더욱 격렬해지고 규모도 커졌습니다. 1981년 3월 서울대 학생들은 학교에서 "아 금남로에 뿌려진 수많은 광주 시민의 검붉은 핏방울을 어찌 잊을 것인가!"라는 선언문을 뿌리고 1,000여 명의 학생이 교문 밖으로 나가려는 시위를 했습니다. 이 일로 대학생 수십 명이 연행되었고 7명은 제적당했습니다. 1981년 5월 한 달 동안에만 약 15개 대학에서 24회 이상의 저항 시위와 인쇄물 배포 사건이 일어났고, 63명이 구속되었습니다. 또 1984년 5월 4일 서울에서는 6개 대학의 연합 시위에 5,000여 명의 학생이 참여했습니다.

1980년대 중반부터는 대학에서 비밀리에 5·18 사진전도 열리고, 5·18 관련 영상들도 '광주 비디오' '독일 비디오'라는 별명으로 불리며 꾸준히 상영되었습니다.

저 역시 우리나라는 평화롭고 먹고살 만한 '좋은 나라'라고만 여겼습니다. 전두환 전 대통령도 훌륭한 사람이라고 생각했습니다. 하지만 신입생 시절

봄 축제 한 켠에 마련된 광주 민주화 항쟁 사진전에서 시민에게 겨눈 군인의 총부리를 보고 세상이 거꾸로 뒤집히는 듯한 충격을 받았습니다.[62]

(정연순, 변호사)

인권 운동가 오창익의 말은 당시 많은 대학생에게 5·18이 어떻게 다가왔는지 선명하게 보여 줍니다.

1980년 이후 봄, 여름, 가을, 겨울이 모두 5월 18일이었다.[63]

아르헨티나의 오월광장어머니회

광주 여성들을 닮은 사람들

지구 반대편에 있는 나라, 아르헨티나에서도 군사 독재자들이 저지른 국가 폭력이 있었습니다. 그리고 진실을 밝히기 위해 투쟁한 사람들도 있었지요. 그중에는 우리의 오월어머니집과 이름이 비슷한 '오월광장어머니회'(Asociación Madres de Plaza de Mayo)가 있습니다. 둘은 이름만 비슷한 것이 아니라 특별한 인연이 있습니다. 구속자가족회를 만들었던 안성례 씨가 1997년 오월광장어머니회를 방문한 것이 바로 오월어머니집을 만드는 계기가 되었지요.

1976년에서 1983년까지 아르헨티나는 군사 독재 정권의 아래에 있었습니다. 호르헤 라파엘 비델라 대통령을 비롯해 여러 군인이 번갈아 대통령이 되어 공포 정치를 했지요. 그들은 정권에 반대하는 사람이라면 누구든 제거하려고 했습니다. 그 피해자 중 상당수는 학생, 교사, 언론인 등 평범한 시민이었습니다. 남녀노소를 가리지 않고 수천 명이 직장, 학교, 집, 심지어 길거리에서 어디론가 잡혀가 돌아오지 않았습니다.

1977년 4월 30일 실종된 자식을 찾으려는 14명의 어머니가 절박한 마음으로 수도 부에노스아이레스의 오월광장에 모였습니다.

오월광장은 아르헨티나의 독립 전쟁으로 이어진 '5월 혁명'에서 유래한 이름입니다. 오월광장을 모임 장소로 선택한 이유는 이곳이 대통령 집무실 앞에 있는 데다, 수도 부에노스아이레스의 중심지여서 오가는 사람이 많아 시선을 끌기에 좋기 때문입니다. 집회 장소로 안성맞춤이었지요.

3명 이상 모이기만 하면 불법 집회라며 잡아가던 시절이라, 어머니들은 2명씩 짝을 지어 광장 주변을 걸었습니다. 14명으로 시작한 시위는 한 주 한 주 지날 때마다 참가하는 사람이 늘어 1977년 말에는 200여 명까지 늘었습니다. 어머니들은 하얀 두건에 실종된 자식의 이름을 새겨 머리에 둘렀습니다. 이 두건은 자식이 어릴 때 채워 주던 기저귀, 혹은 평화의 상징인 비둘기를 뜻하지요. 훗날 이 두건은 아르헨티나 독재 반대 투쟁의 상징이 되었습니다.

어머니들은 신문에 자식이 왜 실종되었는지 그 진실을 밝혀 달라는 편지를 싣기도 하고 실종자 명단을 적은 탄원서를 정부에 보내기도 했습니다. 한 편지에는 이런 내용이 쓰여 있었습니다.

어머니 된 사람에게 가장 잔인한 고통은 자식의 운명이 불확실하다는 것입니다. 우리는 요청합니다. 적법한 과정에 따라 그들의 유죄 혹은 무죄를 밝혀 주십시오.[64]

어머니들은 모일 때마다 경찰에게 맞거나 체포당했습니다. 그

2006년 플래카드를 들고 모인 '오월광장어머니회' 모습.

중 3명은 끝내 실종되었지요. 그래도 어머니들은 '절대로 혼자 잡히게 놔두지 말자'고 서로 다짐하며 악착같이 싸웠습니다. 독재 정권에 두 아들과 며느리 한 명을 잃은 에베 데 보나피니는 '미친 여자'라는 별명을 얻을 정도였지요.

온갖 탄압과 감시에도 이들은 1979년 정식으로 '오월광장어머니회'를 만들었습니다. 단지 희생자 가족 모임을 넘어, 민주적 가치를 지켜 나가려는 여러 사람과 손을 잡기 시작했습니다. 그리하여 1982년에는 2,500여 명으로 회원이 늘어났습니다. 어머니들의 적극적인 투쟁은 널리 전 세계에 알려졌습니다.

군사 정권이 물러나고 새로운 대통령이 선출된 1983년 이후에도 오월광장어머니회는 멈추지 않았습니다. 이제는 아르헨티나의 민주화, 인권 보호, 각종 차별과 불평등 해소를 위해 노력했습니다. 이런 활동 덕분에 오월광장어머니회는 아르헨티나 사회에 성찰의 문화가 만들어지는 데에 큰 보탬이 되었다는 평가를 받았습니다.

오월광장어머니회는 세계 곳곳을 누비며 인권 단체들과도 손을 잡았습니다. 1994년에는 같은 아픔을 갖고 있는 광주에도 찾아왔습니다. 망월동 묘역을 참배하고 5·18 관련 단체 회원들을 만나 가족을 잃은 슬픔을 위로했지요. '평화를 위해 싸워 온 오월광장 어머니들의 20년'이라는 주제로 강연회를 열고 5·18을 위해 광주 시민과 연대하겠다고 이야기했지요. 그 이후 광주 오월어머니집과의 인연은 계속 이어지고 있습니다.

오월광장어머니회 회장 보나피니는 2018년 한 언론 인터뷰에서 이렇게 말했습니다.

우리 애들이 혁명가였잖아. 그 애들의 죽음으로 우리가 다시 태어난 셈이지. 자식들이 꿈꿨던 세상을 우리가 대신 만든다는 각오로 활동하는 거야. 우리 목숨이 붙어 있는 한 그만두지 않을 거야.[65]

8

아1042
알3124

전두환과 노태우의
수인 번호

마침내
정의를
법정에

광주 시민들의 시위는 국헌을 문란하게 하는 내란 행위가 아니라
헌정 질서를 수호하기 위한 정당한 행위이었음에도 불구하고
이를 난폭하게 진압함으로써, (……) 일련의 폭동 행위 전부에 대하여
내란죄의 책임을 면할 수 없다고 판단하였다.

1997. 4. 17. 대법원 전원합의체 판결

1996년, 오로지 시민들의 힘으로 두 전직 대통령을
나란히 법정에 세웠습니다.

———————

"책상을 탁 치자 억 하고 쓰러졌다."

1987년 1월, 박종철이라는 서울대 학생이 경찰 조사를 받던 중 고문을 받고 사망했습니다. 당시 경찰은 고문했다는 사실을 감추기 위해 이렇게 발표했지요.

박종철이 큰 잘못을 한 것도 아니었습니다. 경찰은 학생 운동을 하던 박종철의 선배가 어디 있는지 알아내려고 박종철을 고문했습니다. 박종철이 입을 열지 않자 고문의 강도를 높여 갔고, 결국 박종철은 사망에 이릅니다. 경찰은 진실을 감추려고 서둘러 시신을 화장했습니다. 박종철의 아버지는 아들의 재를 강물에 뿌리면서 절규했습니다.

"종철아! 잘 가그래이…… 아부지는 아무 할 말이 없데이."

박종철의 죽음과, 그에 대한 억지 설명은 그동안 전두환 정권의 독재에 억눌려 있었던 시민들의 분노를 폭발시켰습니다. 그러지 않아도 광주의 진실을 몰랐다는 미안함, 광주를 고립시켰다는 마음의 빚을 가지고 1980년대를 살아 내던 사람들은 박종철 사건을 계기로 폭력적인 전두환 정권을 더 이상 참을 수 없다고 생각했습니다.

시민들은 도대체 박종철에게 무슨 일이 일어난 것인지 정확히 밝힐 것을 요구하면서 거리에 나섰습니다. 학생들은 빈소를 마련하고 추모 집회를 열었고 야당과 여러 시민 단체는 1월 20일부터 26일까지를 박종철 추모 기간으로 정했습니다. 민주화실천가족운동협의회 어머니들은 박종철이 고문을 당했으리라 짐작되는 서울 남영동 대공분실로 찾아가 통곡하며 외쳤습니다.

"우리의 아들 살려 내라!"

김수환 추기경도 1월 26일 서울 명동성당에서 열린 박종철 추모 미사에서 전두환 정권을 강하게 비판했습니다.

"이 정권은 하느님도 두렵지 않으냐, 라고 묻고 싶습니다. 이 정권의 뿌리에 양심과 도덕이라는 게 있습니까. 총칼의 힘밖에 없는 것 같습니다."[66]

여러 사람의 노력 끝에 5·18 희생자를 위한 추모 미사가 열리던 1987년 5월 18일, 천주교 정의구현사제단은 서울 명동성당에서 박종철의 사망 원인이 감춰지고 조작되었다고 발표합니다. 이 사실이 언론에 크게 보도되자 전국적으로 독재에 반대하는 시위가 벌어졌습니다.

거세어진 분노

그런데 그해 6월 9일, '군부 독재 타도'와 '대통령 직선제'(국민들의 '직접 선거'로 대통령을 뽑는 제도이다. 전두환은 간접 선거로 대통령이 되었다.) 등을 외치며 시위를 하는 와중에 또 한 명의 대학생이 목숨을 잃었습니다. 연세대학교 이한열 학생이 경찰이 쏜 최루탄에 맞고 쓰러진 것입니다. 시민들의 분노는 더욱 거세어졌습니다. 그다음날 전국 22개 도시에서 30만여 명이 참여하는 대규모 시위가 일어났습니다.

시민들은 자기 자리에서 각자 할 수 있는 방법으로 시위에 참여했습니다. 시위를 지지하는 벽보를 붙이는가 하면, 모금으로 시위대에 힘을 보태기도 했습니다. 딱히 줄 것이 없었던 고등학생들은 시위대에 자신들의 도시락을 전해 주며 지지를 표했습니다. 직장인들은 매운 최루탄에 눈물 흘리는 시위대를 위해 사무실 창밖으로 휴지를 던져 주는가 하면 점심시간이나 퇴근 시간에 짬을 내 거리로 나섰습니다. 지나가는 차량들은 약속한 시간에 동시에 경적을 울리는 방식으로 함께했고, 상인들은 경찰에 쫓기는 학생들을 가게 안에 숨겨 주었습니다. 이제까지 민주화 운동이 대학생들 중심이었다면, 1987년의 항쟁은 고등학생, 주부, 직장인, 시장 상인, 농민까지 함께한 전 국민적인 저항이었습니다.

시민들은 시위를 진압하는 전투 경찰까지 보듬었습니다. 6월 18일, '최루탄 추방의 날'에 전투 경찰들에게 꽃을 꽂아 주며 먼저 화해를 제안했습니다. 이런 행동은 전투 경찰들의 마음도 움직였습니다. 당시 전투 경찰이었던 노재학 씨는 그때의 기분을 이렇게 회상했습니다.

> 장미꽃을 받았을 때 가시 바늘에 모든 전경의 마음이 찔리는 심정이었을 겁니다.[67]

6월 26일 국민평화대행진이 열렸고, 전국에서 130만여 명이 함께 시위에 나섰습니다. 마침내 6월 29일, 당시 여당(현재 정권을 잡고 있는 정당)의 대통령 후보였던 노태우는 대통령 선거를 직선제로 바꾸겠다고 발표합니다. 6·29 민주화 선언이라 불리는 당시의 발표에는 언론의 자유와 시민들의 기본권을 보장하겠다는 내용도 들어 있었지요. 또한 정당 활동을 보장하고, 지방 자치를 실시하겠다고 했습니다. 대학의 자율화도 약속했습니다.

7월 9일, 이한열의 장례식이 열렸고 서울시청 앞에는 100만여 명이 모여 이한열의 마지막 가는 길을 기렸습니다. 이한열은 5·18 영령들이 있는 광주 망월 묘역에 묻혔습니다. 그해 1987년 12월 대통령 선거는 오랜만에 국민들의 직접 선거로 치러졌습니다. 이때의 시위를 '6월 민주 항쟁'이라고 부릅니다.

6월 민주 항쟁은 선거 제도뿐 아니라 사회 곳곳에도 민주화를 가져왔습니다. 헌법재판소도 다시 생겨났지요. 권력자의 눈치를 보며 정부의 '보도 지침'에 충실한 기사를 쓰던 언론들도 조금씩 달라지기 시작했습니다. 아예 새로운 신문사가 만들어지기도 합니다. 독재 정권 시절에 해직된 기자들을 중심으로 2만 7,000여 국민이 직접 주주가 되어 민주 언론을 내세운 『한겨레』를 창간했습니다. 또 전국 각지, 다양한 직종에서 1,000여 개의 노동조합이 만들어졌습니다.

6월 민주 항쟁은 5·18에도 획기적인 변화를 가져왔습니다. 이른바 '광주 청문회'가 국회에서 열리면서 광주의 진실이 마침내 온 세상에 알려진 것입니다.

대통령 선거를 치르고

1987년 12월의 대통령 선거는 국민이 그토록 원하던 직접 선거로 치렀음에도 불구하고 안타까운 결과를 낳았습니다. 민주화 운동을 앞장서서 이끌던 김대중이나 김영삼이 아니라, 전두환 정권을 그대로 이은 노태우가 당선된 것입니다. 김대중과 김영삼 두 후

보가 모두 출마하면서 시민들의 표가 둘로 나뉘어 버린 탓이지요. 노태우는 전두환과 함께 12·12 군사 반란을 일으키고, 5·18 당시 광주 시민들을 학살하는 데 손을 보탠 인물입니다. 그 대가로 전두환 정권 내에서 2인자로 군림했습니다.

하지만 노태우는 6월 민주 항쟁 이후에 대통령이 된 만큼 전두환과는 다른 정치를 할 수밖에 없었습니다. 노태우 정부는 1988년 4월 1일, 5·18을 '민주화를 위한 노력의 일환'으로 규정했습니다. 그리고 지금까지 해결책이 마련되지 못한 것에 대해 죄송스럽게 생각한다며 '광주 사태'를 치유하기 위한 종합적인 방안도 함께 발표했습니다. 이는 정부 차원에서 5·18을 인정했다는 점에서 큰 의미가 있습니다. 노태우 정부로서도 1980년대 초·중반 내내 들끓었던 5·18 진상 규명 요구를 모른 척할 수 없었던 것이지요.

하지만 그러면서도 5·18 때 계엄군이 일방적으로 폭력을 휘두른 것이 아니라 사태를 수습하는 과정에서 시민과 군인, 경찰이 충돌하여 많은 희생자가 나온 것이라며 책임의 본질을 흐리려 했습니다. 정부와 시민 둘 다 책임이 있으니 이제 와서 진상 조사를 다시 해 상처를 들추기보다 치유하자고 주장했습니다. 정부가 피해자를 지원하고 망월동 묘지를 공원으로 만들어 위령탑을 세워 주겠다고도 했습니다.

하지만 시민들은 이를 받아들일 수 없었습니다. 제대로 진실을 밝히지도 못한 채 상처를 치유할 수는 없기 때문입니다. 그런 마음으로 시민들은 대통령 선거 이듬해 4월에 치러진 국회의원 선거에서 여당이 아닌, 광주 문제에 더 진지한 야당들의 손을 들어 주었습니다. 그 덕분에 야당 국회의원이 많아졌고, 국회는 '5·18광주민주화운동 진상조사특별위원회'(광주특위)를 꾸릴 수 있었습니다.

광주특위는 광주의 진실을 밝히기 위해 청문회를 열기로 결정했습니다. '광주 사태 진상 규명을 위한 국회 청문회'가 열리게 된 것입니다. 이는 우리나라 최초의 청문회였습니다.

청문회가 열리던 날

1988년 11월 18일 오전 10시, 온 국민의 관심 속에 청문회가 시작되었습니다. 첫 증인이었던 정치인 김대중을 시작으로 많은 사람이 광주에 대해 증언했습니다.

광주에서는 5월 16일 야간 시위가 평화적으로 끝나는 등 전반적인 상황이 매우 평온했는데도 공수 부대 등의 시위 진압이 광주 시민을 자극해 민주화 운동이 일어났다.[68]

(김대중, 청문회 당시 평민당 총재)

18일 저녁 광주 시내 친지로부터 계엄군이 시민을 개 패듯이 해도 되는

가라는 항의 전화를 받고 19일 오전 도지사, 시장, 교육감 등 전남 지역 기
관장대책회의를 소집했는데, 이 자리에서 기관장들로부터 군복 입고 있기
가 부끄러울 정도로 많은 얘기를 들었다.[69]
(윤흥정, 5·18 당시 전남북계엄분소장)

과잉 진압을 하도록 한 것이 충정 작전의 지침이었다. (……) '광주 사람
을 한 사람도 남김없이 싹 쓸어버려야 한다'는 등의 발언을 직접 들었다.[70]
(정웅, 5·18 당시 육군 제31사단장)

정치인부터 시민군, 군인까지 당시 상황을 이야기하는 용기 있
는 목소리가 이어졌습니다. 그러나 광주의 비극을 몰고 온 신군부
세력은 반성은커녕 책임을 회피하고 모르쇠로 일관했습니다.

구체적 발포 행위가 말단 부대의 일이라 발포 시점 및 부대는 잘 모른
다.[71]
(이희성, 5·18 당시 계엄사령관)

5월 18일 광주에 투입된 이후 대검을 사용한 적이 전혀 없다.[72]
(김일옥, 5·18 당시 제7공수여단 제35대대장)

청문회는 1988년 11월 시작하여 이듬해 2월까지 99일간 열렸고

64명에게 증언을 들었습니다. 텔레비전으로 중계된 청문회는 매일 시청률이 40%를 넘을 정도로 전 국민의 관심사였습니다. 청문회 때문에 쉰다는 안내문을 써 붙이고 아예 문을 닫아 버린 가게가 있는가 하면 청문회가 방송되는 채널을 틀어 놓고 커피를 공짜로 주는 가게도 있었습니다. 시민들은 기차역, 버스 터미널에서도 삼삼오오 모여 청문회를 시청했습니다. 청문회가 방송되는 동안에는 도로 위의 차량도 줄어들 정도였습니다.

언론들도 나서서 5·18의 진실을 보도하기 시작했습니다. 8년 동안 국가 권력이 왜곡하고 숨겨 왔던 광주 이야기가 비로소 세상에 크게 알려졌습니다. 드디어 광주는 '고립'을 넘어 대한민국의 '역사'가 되었습니다.

하지만 청문회에서 밝히지 못한 점도 많았습니다. 그중 가장 대표적인 것은 시민들에게 총을 쏘라는 명령을 누가 내렸는가 하는 것입니다. 국가가 보호해야 할 시민을 적으로 간주해 총을 쏘게 한 것은 희생된 광주 시민들에게도, 그 명령을 따라야 했던 군인들에게도 큰 비극입니다. 발포 명령은 엄청난 희생의 원인이었다는 점에서 5·18이 누구의 책임인지를 가리는 데에 가장 중요한 열쇠이기도 합니다.

"광주에서 이뤄진 모든 작전의 실질적 지휘권은 보안사령부에 있었기 때문에 전두환 씨가 광주 지령의 책임자라는 정황을 가지고 있다."[73]라고 청문회에서 정치인 김대중이 증언했지만, 이 핵심 진실을 청문회에서 제대로 밝히지는 못했습니다. 군 관련 증인들이 청문회에 나오지 않거나 기억이 나지 않는다며 증언을 하지 않았기 때문입니다. 광주특위가 광주와 관계있는 문서를 제출하라고 요구하자 국방부는 '작성되지 않았다' '파기되었다'면서 청문회를 방해했고 전두환도 청문회 출석을 거부했습니다. 마지못해 1989년 12월 31일에야 뒤늦게 또 다른 청문회에 나온 전두환은, 자신은 군의 배치나 작전에 관여하지 않았다며 끝까지 나 몰라라 했습니다.

임신 8개월의 몸으로 계엄군의 총에 쓰러진 최미애 씨의 어머니는 청문회에 나와서 "더도 말고 덜도 말고 나 같은 경우 당해 보시라고, 그러면 내 마음 알 것"[74]이라며 한 맺힌 말을 토했습니다. 총에 맞은 사람은 있는데 총을 쏘라고 명령한 자를 확인할 수 없다는 데에 대한 분노였습니다.

성공한 쿠데타는 처벌할 수 없다?

노태우 정권이 끝난 뒤 1993년에 김영삼 정부가 시작되었습니다. 1961년 이후 처음으로 군인 출신이 아닌 사람이 대통령이 되었지요. 그러자 시민들은 5·18의 책임자 처벌 문제가 해결되리라 기대했습니다. 그러나 김영삼 대통령은 그 기대를 저버리고 "5·18에 대한 평가는 후세의 역사에 맡기자."라고 했습니다. 그러자 전국 곳곳에서 항의가 거세어지면서 학살 책임자 고소 고발 운동이 일어났습니다. 1994년 3월에 시민들은 전두환과 노태우를 포함해, 12·12와 5·18 당시 군 지휘관 35명을 검찰에 고발했습니다.

죄목은 '내란 및 내란 목적 살인죄'였습니다. 이 죄목은 5·18 때 여러 광주 시민에게 적용된 죄목입니다. 당시 신군부는 고문과 협박을 일삼고 엉터리 재판을 한 끝에 많은 시민을 이 죄목으로 기소했습니다. 시민들은 신군부에게 똑같은 죄목을 되돌려 준 것입니다. 이 고소장에는 27만여 명의 서명이 함께 들어 있었습니다.

그러나 1년여 동안 진행된 검찰 수사 결과는 시민들의 기대를 저버렸습니다. 1995년 7월 18일, 검찰이 공소권이 없다고 발표한 것입니다. 공소권이 없으면 재판을 청구할 수 없게 됩니다. 그런데 그 이유가 무척 황당했습니다. 성공한 쿠데타는 처벌할 수 없다는 것입니다. 과정이 옳지 않았다면 처벌하는 것이 법의 정의입니다. 그런데 총으로 정권을 빼앗아도 성공하면 처벌할 수 없다니, 너무나 이상한 말이었지요.

이 결정에 분노한 시민들은 잇달아 시위에 나섰습니다. 지금 있는 법으로 처벌할 수 없다면 '5·18 특별법'을 만들 것을 요구했습니다. 그렇게 해서라도 5·18 관련자들을 처벌하고 피해자들의 명예를 회복시켜야 한다고 주장했습니다. 그러나 김영삼 정부는 계속 외면했습니다.

1996년 8월 26일, 12·12 및 5·18 사건 선고 공판이 있던 날,
나란히 재판정에 선 두 전직 대통령의 모습.

　그런데 아주 우연한 계기가 찾아왔습니다. 1995년 11월 16일 노
태우가 구속된 것입니다. 비자금을 만들고 뇌물을 받은 혐의 때문
이었습니다. 여론은 더욱 나빠졌고 마침내 11월 24일 김영삼 대통
령은 5·18 특별법 제정을 지시하게 됩니다. 검찰은 '5·18 내란죄
사건'을 완전히 재수사하기로 결정했고, 전두환도 긴급 구속되었
습니다. 1995년 12월 21일 드디어 '5·18 민주화 운동 등에 관한 특
별법'이 만들어졌습니다. 섣부른 화해를 앞세워 어물어물 사건을
덮어 버리려 했던 학살의 책임자들은, 시민들의 치열한 노력 끝에

마침내 법의 판결을 받게 됩니다.

1996년 3월 11일 두 전직 대통령이 푸른 죄수복을 입고 법정에 나란히 섰습니다. 이듬해 4월 17일 대법원은 5·18은 "내란 및 내란 목적을 위한 살인 행위"였다고 최종 선고하며 전두환에게 무기 징역을, 노태우에게 징역 17년 형을 확정지었습니다. 이로써 우리는 '성공한 쿠데타'도 처벌할 수 있었습니다. 그리고 정의는 반드시 승리한다는 것을 증명했습니다.

이후 여러 정치적 이유로 1997년 12월에 김영삼 대통령은 전두환과 노태우를 특별 사면했습니다. 두 사람은 재판 과정에서뿐 아니라 지금까지도 5·18 희생자들에 대해 사죄하거나 반성하지 않고 있습니다.

프랑스의 전범, 모리스 파퐁 재판
반인륜 범죄에 공소 시효는 없다

2차 대전 이후 프랑스에서는 나치(히틀러가 이끈 독일의 정당으로, 2차 대전을 일으키고 유대인, 집시 등을 집단 학살하는 등 많은 전쟁 범죄를 저질렀다.)에 협력했던 사람들의 죄를 처벌하는 것이 큰 사회적 과제로 떠올랐습니다.

프랑스는 2차 대전 때인 1940년부터 1944년까지 나치 독일의 부분적 점령 아래에 있었습니다. 이때 프랑스 정부는 독일이 점령하지 않은 지역을 다스리는 비시 정부와, 나라 밖에서 저항 활동을 이어 간 런던 망명 정부로 나뉩니다. 그중 비시 정부는 나치 독일에 무척 협력적이었습니다. 노동력을 강제로 뽑아서 독일이 전쟁 물자를 만드는 데 힘을 보탰고, 프랑스 사람을 독일군으로 해서 전쟁에 내보냈습니다. 나치를 도와 유대인들을 체포하는가 하면 독일에 저항하는 프랑스인들을 탄압하고 잡아들였습니다.

1944년 해방을 맞으면서, 프랑스는 이런 일에 나섰던 많은 나치 협력자들을 처벌했습니다. 해방 후 몇 년에 걸쳐 9만 8,000여 명의 프랑스인이 비시 정부 시절에 저지른 잘못에 대해 유죄를 선고받았습니다. 엄격하고 철저하게 진행된 과거사 청산은 프랑스인들의 자부심이기도 했습니다. 재판은 그렇게 마무리되는 듯했습니다.

그런데 그 뒤 수십 년이 훌쩍 흐른 1997년, 갑자기 비시 정부 시절의 행위에 대한 반인류 범죄 재판이 열렸습니다. 그 주인공은 행정 관료로 승승장구한 모리스 파퐁(Maurice Papon)이었습니다.

파퐁은 해방 후 코르시카 지사, 모로코 보호령 총서기, 파리 경찰국장을 지낸 고위 관료였습니다. 나중에는 예산부 장관 자리까지 올랐지요. 1962년에는 프랑스 최고 훈장인 레지옹 도뇌르를 받기도 합니다.

그랬던 파퐁이 과거에 나치에 부역했었다는 사실이 1981년 5월 6일 정치 풍자 신문 『르 카나르 앙셰네』를 통해 폭로됩니다. 신문에 따르면 파퐁은 1942년 5월부터 1944년 8월까지 지롱드 도청에서 일했는데, 그 기간 동안 프랑스 보르도 지역의 많은 유대인을 체포해서 수용소로 보내는 일을 했습니다. 유대인을 직접 체포하고 가둔 것은 아니지만, 관련된 서류를 작성함으로써 대규모 학살이 가능하도록 도왔지요. 신문은 파퐁의 서명이 적힌 문서들을 공개했습니다. 1942년 7월부터 1944년 5월까지 1,600여 명의 보르도 지역 유대인을 파리 근교의 수용소로 보낸 일에 파퐁의 책임이 있음을 보여 주는 문서들이었습니다. 그 유대인들은 이후 아우슈비츠 등의 수용소로 보내졌고 대부분 죽음을 맞이했습니다.

1981년 12월 파퐁은 반인류 범죄 혐의로 고소당했습니다. 실제 재판이 이루어진 것은 그 후 무려 16년이 지난 1997년 10월이었습니다. 파퐁이 죄를 저지른 것이 너무 오래전의 일인 탓에 범죄 행위를 입증할 자료가 많지 않았을 뿐 아니라 그를 두둔하는 사람들의 방해로 재판이 계속 미루어진 탓이지요. 파퐁의 재판은 '프랑스 사법 역사상 가장 오래 걸린 재판'이 되었습니다.

1997년 10월 8일, 파퐁은 87세의 나이에 법정에 섰습니다. 재판정에 선 그는 "명령을 수행했을 뿐 공무원으로서 의무를 다했다."[75] "나는 위에서 시키는 일을 했고, 나치가 무슨 일을 벌이는지 몰랐다."[76]라며 무죄를 주장했습니다. 하지만 밝혀진 바에 따르면, 유대인을 포로수용소로 보내던 시절 파퐁은 "기꺼이 협력한다."라는 평가를 받을 정도로 업무에 열심이었습니다. 보르도 항소 법원은 당시 파퐁은 자신이 무슨 일을 하고 있는지, 그 일의 결과가 어떠할지에 대해 명확하고 상세하게 알고 있었다고 판단했습니다.

1998년 4월 2일, 파퐁은 징역 10년 형을 받았습니다. 프랑스 정부는 파퐁에게 주었던 훈장을 박탈했습니다.

프랑스의 유대인학생연맹은 "그를 범죄자이자 프랑스의 유대인 학살 책임의 상징으로 기억할 것"이라고 밝혔으며 영국 언론 『인디펜던트』는 "파퐁은 야심적인 관료가 얼마나 쉽게 야만적 정권의 하수인이 되는지 보여 주는 상징으로 남아야 한다."라고 평가했습니다.[77]

파퐁은 약 3년간 감옥 생활을 하다 2002년에 병을 이유로 석방되었고 2007년에 96세를 일기로 사망했습니다. 비록 실제 수감 기간은 짧았지만 파퐁의 재판은 반인류 범죄에는 공소 시효가 있을 수 없으며 고위 관료라도 예외가 아님을 잘 보여 주었습니다.

잘못을 바로잡는 것은 생각처럼 쉬운 일이 아닙니다. 시간이 지나면 어떤 사람들은 이미 지난 일이니 잊어버리자, 미래가 더 중요하니 과거는 훌훌 털어 버리자 같은 말을 쉽게 합니다. 이 말은 얼핏 그럴듯합니다. 그러나 잘못된 과거를 그대로 두고는 현재를 제대로 살아가기 어렵고 미래로 나아갈 수도 없습니다. 죄를 물어 처벌하지 않은 역사는 다시 반복되기 쉽습니다.

9

『죽음을 넘어 시대의 어둠을 넘어』
초판

오월을
노래하고 쓰고
그리다

하지만 인간은 패배하도록 창조된 게 아니야.
인간은 파멸당할 수 있을지 몰라도 패배할 수는 없어.[78]

어니스트 헤밍웨이 『노인과 바다』 중에서

많은 작가와 예술가가 5·18을 기억하고 널리 알리는 데에 힘을 보탰습니다.
화가는 그림으로, 시인은 시로, 소설가는 소설로,
광주에서 스러져 간 사람들을 기억하고자 애썼습니다.

_____

하느님과 새떼들도

떠나가버린 광주여

그러나 사람다운 사람들만이

아침저녁으로 살아남아

쓰러지고, 엎어지고, 다시 일어서는

우리들의 피투성이 도시여

죽음으로써 죽음을 물리치고

죽음으로써 삶을 찾으려 했던

아아 통곡뿐인 남도의

불사조여 불사조여 불사조여[79]

시인 김준태가 쓴 「아아, 광주여 우리나라의 십자가여!」라는 시의 일부입니다. 이 시에는 중요한 의미가 있습니다. 5·18 민주화 운동을 다룬 첫 번째 문학 작품이라는 것입니다. 5월 27일 새벽을 끝으로 강제로 진압된 지 일주일도 채 지나지 않은 때에 쓴 시여서 당시의 상황과 분위기가 생생하게 담겨 있습니다. 훗날 시인조차 "그 시는 내가 쓴 시가 아니었다. 시를 쓸 때 내가 아닌 다른 무엇인가 내 몸속에 들어와 신들린 듯 단숨에 써 내려갔다."[80]라고 말할 정도였지요.

이 작품은 1980년 6월 2일, 『전남매일신문』 1면에 실렸습니다. 원래 109행에 이르는 긴 시인데 신문에는 겨우 33행만이 나왔습니다. 검열을 당해 상당 부분이 삭제된 채였지요. 하지만 동료의 죽음과 패배의 상처에 주눅 들었던 시민들에게 시의 영향은 꽤 컸습니다. 신군부와 계엄군에 정면으로 도전한 작품이기 때문입니다. 외신 기자들은 삭제되지 않은 원문 전체를 구해 재빨리 본사로 보냈고, 이 시를 통해 광주 이야기가 독일, 미국, 영국, 프랑스, 일본 등 해외 각국에 널리 알려졌습니다.

이 시에 대해 문병란 시인은 "광주와 광주 민중의 아픔과 위대함을 거듭 밝히려는 뜻을 강렬하게 담고 있는 매우 감동적인 시"[81]라고 평가했습니다. 하지만 당시 전남고등학교 교사였던 김준태 시인은 이 시를 발표한 직후 모진 고문을 받았고, 교직에서도 물러나야 했습니다.

작가와 예술가 들도 정부의 탄압을 비껴갈 수 없었지만, 김준태

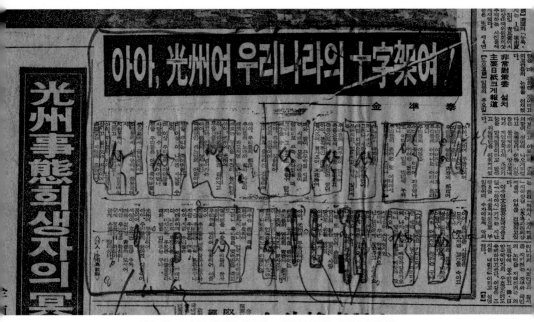

붉은 펜으로 시를 검열한 흔적이 그대로 남아 있는 『전남매일신문』.

시인 이후에도 많은 이가 진실을 알리기 위해 애썼습니다.

우유갑에 못으로 쓴 시

김남주 시인도 광주 소식을 듣고 다음과 같은 시를 지었습니다.

오월 어느날이었다

1980년 오월 어느날이었다

광주 1980년 오월 어느날 밤이었다

밤 12시

하늘은 핏빛의 붉은 천이었다

밤 12시

거리는 한집 건너 울지 않는 집이 없었고

무등산은 그 옷자락을 말아올려 얼굴을 가려버렸다

밤 12시

영산강은 그 호흡을 멈추고 숨을 거둬버렸다

아 게르니카의 학살도 이렇게는 처참하지 않았으리

아 악마의 음모도 이렇게는 치밀하지 못했으리[82]

(김남주 「학살 1」 중에서)

 시를 쓸 당시 시인은 비밀 단체를 만들어 박정희 정권을 비판했
다는 혐의로 징역 15년을 선고받고 옥에 갇혀 있는 상황이었습니
다. 종이와 펜도 마땅치 않아서 이 시는 우유갑에 못으로 눌러썼다
고 하지요.

서울구치소에 있을 때 누군가가 '광주에서 한 집 건너 울지 않는 사람이 없다'며 학살 소식을 전해 주었어요. 저는 광주 전체가 살육으로 초토화된 것으로 알고, 철창을 붙잡고 얼마나 울었는지 모릅니다.[83]

시인은 학살이 있던 밤의 공포와 전율을 강렬하게 묘사하고 있습니다. '하늘은 핏빛의 붉은 천' '영산강은 그 호흡을 멈추고' 등의 시어를 통해 학살이 얼마나 처참했는지 고발하고 있지요.

사랑도 명예도 이름도 남김없이

5·18을 기념하는 노래도 많이 만들어졌습니다. 가장 유명한 노래는 「님을 위한 행진곡」입니다. 백기완 시인의 시 「묏비나리」를 작가 황석영이 가사로 다듬고, 작곡가 김종률이 곡을 붙여 만들었습니다. 요즘에도 5·18 관련 행사가 있는 자리에서는 어김없이 이 노래를 들을 수 있지요.

사랑도 명예도 이름도 남김없이
한평생 나가자던 뜨거운 맹세
동지는 간데없고 깃발만 나부껴
새날이 올 때까지 흔들리지 말자

세월은 흘러가도 산천은 안다

깨어나서 외치는 뜨거운 함성

앞서서 나가니 산 자여 따르라

앞서서 나가니 산 자여 따르라

대중적이면서도 비장한 가사는 행진곡풍인 멜로디와 어우러져 전율을 느끼게 합니다.

이 노래에는 사연이 하나 있습니다. 이 곡은 원래 노래굿 「넋풀이」를 통해 처음 발표되었습니다. 「넋풀이」는 5·18 당시 시민군 대변인으로 활동하다 마지막 날 전남도청에서 숨진 윤상원과, 1978년 겨울 들불야학의 교사로 일하다 사고로 숨진 박기순의 영혼결혼식을 내용으로 합니다. 안타깝게 세상을 떠난 두 사람을 기리면서 살아남은 사람들의 의지를 모으기 위해 「넋풀이」를 한 것이지요. 「님을 위한 행진곡」은 그 뒤 1982년 제작된 음반 「넋풀이―빛의 결혼식」에 수록되면서 널리 알려졌습니다.

이 곡을 녹음하는 과정은 순조롭지 않았습니다. 변변한 녹음실도 구할 수 없어서 작가 황석영의 광주 운암동 집에서 녹음을 했습니다. 노랫소리는 물론 기타, 장구, 북, 꽹과리 소리가 밖으로 새어 나가지 않도록 담요로 거실 유리창을 막아야 했지요. 그렇게 새벽까지 녹음을 마친 「넋풀이」의 녹음테이프를 소설가 황석영이 화가 홍성담과 함께 서울로 가지고 갔고, 기독청년협의회 명의로

2,000개를 복사, 제작해 전국으로 배포했습니다.

　이 노래는 이후 카세트테이프 복사본 및 손으로 쓴 악보를 통해서, 그마저도 없으면 입에서 입으로 전해지면서 1980년대 내내 급속히 퍼졌습니다. 신군부의 탄압 속에서도 사람들은 추모제와 각종 집회에서 이 노래를 불렀습니다. 그러면서 이 노래는 민중 의례의 대표적인 곡으로 자리 잡았지요. 이 노래는 외국으로도 전파되었습니다. 홍콩과 대만, 태국에서도 '사랑의 행진곡' '노동 투쟁가' '연대의 노래' 같은 제목으로 불리고 있습니다.

지하의 베스트셀러들

　작가들도 광주를 알리고 기억하는 데에 힘을 보탰습니다. 가장 대표적인 책으로 『죽음을 넘어 시대의 어둠을 넘어』가 있습니다. 이 책은 5·18 당시 사람들이 쓴 글, 선언문, 기사, 체험담은 물론 계엄군과 시민군이 충돌한 장소를 나타낸 시내 지도, 목격자들의 증언 등 5·18에 관한 자료들을 모아 체계적으로 정리한 것입니다. 황석영, 이재의, 전용호 등 이 책의 저자들은 항쟁의 진실을 제대로 기록하고 알려야 한다는 한 가지 생각으로 오랫동안 흩어져 있던 자료들을 모았습니다. 거리 시위와 횃불 행진부터 충정 작전, 시민군의 등장, 도청 점령에 이르기까지 항쟁 일지도 세세하게 나와 있습니다. 그때까지 밝혀진 722명의 부상자와 421명의 구속자 명단도 나이와 직업, 주소와 함께 자세히 실었습니다.

이 책은 1985년에 출간되었는데, 이때만 해도 사건 자체를 알리는 것이 무척 중요했습니다. 5·18 당시 시민군 지도부였던 정상용은 2017년에 나온 개정판의 머리말에서, 초판을 내던 시절을 떠올리며 이렇게 썼습니다.

(초판은) 그때까지 5·18의 진실에 목말라하던 국민들에게 큰 충격을 주었다. 책이 발간되자마자 입소문을 타고 '지하 베스트셀러'가 되었다. 수많은 사람들이 숨죽여가며 읽었고, 밤새워 울었다는 이야기들이 여기저기서 들려왔다. 잔혹했던 학살과 처절했던 참상의 전모가 비로소 알려졌기 때문이다.

하지만 책은 나오자마자 전두환 정권에 2만 권을 압수당했고, 작가들도 고초를 겪었습니다. 작가 황석영과 풀빛출판사 사장 나병식도 곧바로 연행되었지요. 그런 탓에 초판은 미처 표지 디자인도 하지 못한 채 세상에 나갔습니다. 감시의 눈을 피해 대학가 주변 서점에서 몰래 판매되었지요. 꽤 많은 서점 주인이 이 책을 팔았다고 경찰에 붙잡혀 갔고, 이 책을 갖고 있다는 이유로 경찰서에 끌려가 추궁을 당한 사람도 적지 않았습니다.

이 책은 1987년 6월 민주 항쟁에 큰 영향을 끼쳤으며, 그 뒤 1988년

(왼쪽) 표지 디자인을 할 새도 없이 뿌려진 『죽음을 넘어 시대의 어둠을 넘어』 초판.
(오른쪽) 이 책은 '광주 다이어리'라는 제목으로 1999년 미국에서도 번역, 출간되었다.

에 열린 청문회, 1995년 검찰의 5·18 수사에서도 중요한 자료가 되었습니다. 이후 일어, 영어로 번역되어 5·18을 세계에 널리 알렸습니다.

 기록물 외에 소설도 꾸준히 창작되었습니다. 광주 이야기를 본격적으로 다룬 최초의 소설은 1985년에 윤정모가 발표한 「밤길」입니다. 이 작품은 두 사제가 항쟁 마지막 날 도청을 빠져나와 광주 소식을 다른 지역에 알리기 위해 밤길을 걸어 이동하는 과정을 그리고 있습니다. 현장을 지키지 못한 사람의 부끄럼과 죄의식이 나타나 있지요.

남아 있어야 했어요. 제가 떠나온 까닭이 뭐죠? 신부님 호위? 아니에요. 신부님이 걸을 수 없거나 길을 모르시는 것도 아닌데, 신부님 혼자 가시면 오히려 안전한데, 그런데 왜 제가 따라왔죠?"

요섭의 어깨팍이 푸르르 떨렸다. 그는 울고 있는가. 요섭아, 그렇다면 요섭아, 남아 있어야 할 사람은 네가 아니라 나였단다. 그것으로 끝이기만 하다면, 우리가 남아 있어서 끝나기만 한다면 우리의 탈출은 부끄러움이어야 할 것이다.[84]

아무리 동지들의 뜻에 따라 광주를 빠져나왔다고 하더라도 자신은 살고, 그들은 죽을 것이라는 생각이야말로 '요섭'이 느낀 고뇌의 이유일 것입니다.

1987년에 발표된 임철우의 소설 『봄날』에도 '살아남은 부끄러움'으로 고통스러워하는 인물들이 등장합니다. 이 소설 속 인물 '상주'는 항쟁 마지막 날 목숨을 잃은 '명부'의 죽음이 자기 탓이라는 망상 때문에 정신 병원에 입원했습니다. 명부가 찾아와서 문을 열어 달라고 했는데도 자신이 열어 주지 못해 명부가 계엄군에게 죽임을 당했다는 환상에 사로잡혀 있는 것입니다.

상주야. 살려 줘. 늦기 전에 나 좀…… 제발…… 문득 저벅거리며 다가오는 어지러운 발걸음 소리. 순간 명부는 흠칫 몸을 일으켜 세우더니 비칠비칠 골목을 빠져나와 도망치기 시작한다. 남빛 어둠 속으로 명부의 몸뚱

192

이가 지워져 버린 후, 오래지 않아 그쪽으로부터 콩 튀기는 듯한 요란한 발사음이 터져 나온.[85]

'상주'를 미치게 한 것은 많은 사람이 저항 끝에 죽임을 당하고 있던 때에 이불을 뒤집어쓴 채 자신의 안전만 생각했던 것에 대한 부끄러움이었습니다. 1980년대에는 많은 사람이 이런 죄책감을 갖고 있었습니다.

또 1988년에 발표된 최윤의 소설 「저기 소리 없이 한 점 꽃잎이 지고」는 5·18 당시 어머니와 오빠를 잃고 살아남은 한 소녀의 상처를 다루고 있습니다.

당신이 어쩌다가 도시의 여러 곳에 누워 있는 묘지 옆을 지나갈 때 당신은 꽃자주 빛깔의 우단 치마를 간신히 걸치고 묘지 근처를 배회하는 한 소녀를 만날지도 모릅니다. 그녀가 당신에게로 다가오더라도 걸음을 멈추지 말고, 그녀가 지나간 후 뒤를 돌아보지도 마십시오. 찢어지고 때 묻은 치마폭 사이로 상처처럼 드러난 맨살이 행여 당신의 눈에 띄어도, 아무것도 보지 못한 듯 고개를 숙이고 지나가 주십시오.[86]

소설의 첫 부분에서 서술자의 목소리는 이 '소녀'를 만날지라도 소녀의 상처는 쉽게 치유될 수 없을 것이라는 암시를 줍니다. 차마 입에 담지 못할 5·18의 기억이, 소녀의 기억 상실과 실어증을 통해 오히려 생생하게 재현되고 있는 작품이지요.

5·18을 다룬 초기 소설들은 이렇듯 폭력과 광기 속에서 살아남은 자로서의 미안함과 공포, 절망 속에서 헤어 나오지 못한 인물들의 삶과 상처를 다룬 이야기가 많았습니다.

인간은 무엇인가

5·18에 대한 작가들의 고민은 멈추지 않고 지금까지 계속 이어지고 있습니다. 작가 한강은 2014년에 『소년이 온다』를 발표했습니다. 1980년 5월 18일부터 열흘간의 일과 그 이후 남겨진 사람들의 이야기를 들려주는 소설입니다. 그날의 참혹한 죽음과 죽임에 대해 이야기하면서 기억을 통해 과거의 상처를 응시하고자 합니다.

혼한테는 몸이 없는데, 어떻게 눈을 뜨고 우릴 지켜볼까.

(……) 눈을 감고 있던 외할머니의 얼굴에서 새 같은 무언가가 문득 빠져 나갔다. 순식간에 주검이 된 주름진 얼굴을 보며, 그 어린 새 같은 것이 어디로 가버렸는지 몰라 너는 멍하게 서 있었다.

지금 상무관에 있는 사람들의 혼도 갑자기 새처럼 몸을 빠져나갔을까. 놀란 그 새들은 어디 있을까.[87]

이 작품은 국제적인 주목을 받았습니다. 2017년 9월에 '인간의 행위'라는 제목으로 이탈리아에서 번역되었는데, 이후 이탈리아 문학상인 말라파르테 상을 받았지요. 작가 한강은 수상 소감에서 "이 책은 나를 위해 쓴 게 아니며 단지 내 감각과 존재와 육신을 (5·18 민주화 운동에서) 죽임을 당한 사람, 살아남은 사람, 그들의 가족에게 빌려주고자 했을 뿐"이고, "존엄과 폭력이 공존하는 모든 장소, 모든 시대가 광주가 될 수 있다."[88]라고 말했습니다.

많은 작가가 5·18을 한때의 사건으로만 다루지 않습니다. 그보다는 5·18을 통해 인간의 본질, 폭력과 존엄, 슬픔과 애도, 기억과 역사에 대해 끊임없이 질문을 던집니다. 역사적 사건은 시대를 뛰어넘어 문학으로 재탄생할 수 있습니다. 『소년이 온다』에는 이런 질문이 등장합니다.

그렇다면 우리에게 남는 질문은 이것이다. 인간은 무엇인가. 인간이 무엇이지 않기 위해 우리는 무엇을 해야 하는가.[89]

화폭에 담은 오월

미술 분야에서는 5·18을 통해 민족 민중 미술 운동이 활발하게 나타났습니다. 민중 미술은 말 그대로 민중의 삶과 행동을 주제로 한 미술입니다. 민중을 역사의 주체로 보는 관점이 강하게 배어 있지요. 우리나라에서는 주로 판화, 벽화, 걸개그림에 1980년대에 벌어진 격렬한 민주화 운동을 표현한 작품이 많습니다. 정권은 작품을 압류하거나 전시를 취소시키는 식으로 민중 미술을 탄압했지요. 하지만 강연균, 홍성담 등의 화가들은 굴하지 않고 자신들이 직접 경험한 광주의 모습을 화폭에 담고 판화로 제작했습니다.

화가 강연균은 1981년 「하늘과 땅 사이」라는 그림에 힘없이 당하는 민중들의 모습을 담아 정권의 잔인함을 고발했습니다. 이 그림에서 화가는 하늘로부터 부여받았다는 인간의 존엄이 땅으로 내려오지 못하고 그 사이에서 유린당하는 것을 보여 줍니다.

5·18을 광주에서 직접 겪기도 했던 판화가 홍성담은 1984년에 판화 「대동세상-1」을 통해 광주를 표현했습니다. 마치 만세를 부르듯 총을 치켜든 시민군과 김밥을 나누는 여성의 모습을 통해 밝은 분위기로 시민 공동체를 그려 냈지요.

홍성담은 항쟁에 참여한 사람들의 모습을 꾸준히 판화에 담았습니다. 그 작품들을 모아 엮은 판화집 『오월』에서 화가는 작품의 의미를 이렇게 이야기했습니다.

'오월판화'는 기억투쟁을 위해서 만들어진 그림이다. 그래서 초기에는 오월판화를 두고 예술이기 이전에 '선전선동화'라고 폄하하기 일쑤였다. 그 말이 맞다! 나는 예술이 예술이기 전에 인간의 생명을 위한 것이 아니

홍성담 「대동세상-1」, 목판화 1984.

면 휴지조각이나 다름없다고 생각한다.

　홍성담의 오월 판화에 등장하는 인물들은 대체로 평범한 사람, 평범한 이웃입니다. 하지만 이들은 온몸으로 군부의 총, 칼, 탱크에 맞서고 있습니다. 그의 작품들은 예술의 중요한 사명 중 하나인 '기억의 재현'을 충실하게 해내고 있습니다.

영화감독들의 광주 이야기

1990년대에 들어오면서는 5·18을 이야기하는 장르가 더욱 다양해졌습니다. 먼저 영화감독들이 활발하게 광주를 이야기했습니다. 장선우 감독은 1996년에 최윤의 소설 「저기 소리 없이 한 점 꽃잎이 지고」를 바탕으로 만든 「꽃잎」이라는 영화를 선보였습니다. 5·18 이후 15년이 지난 시점에 개봉한 이 영화는 광주에 대한 빚진 마음을 새롭게 불러일으킵니다. 처음부터 끝까지 어두운 화면에, 말을 잃어버린 소녀의 모습을 통해 잊고 있던 광주의 아픔을 보여 주었지요. 이 영화는 국내 영화 가운데 처음으로 5·18을 정면에서 다루었다는 점에서도 의미가 깊습니다.

2000년에 개봉한 이창동 감독의 「박하사탕」에도 5·18이 등장합니다. 이 작품은 주인공 '영호'의 삶을 거꾸로 추적해 가는 이야기입니다. 1999년 봄부터 1979년까지 시간을 거슬러 올라가면서 영호의 삶이 어떻게 망가져 왔는지를 시대상과 함께 보여 주지요. 이야기를 따라가다 보면 어느 순간 관객은 영호가 5·18의 피해자였음을 알게 됩니다. 5·18이 영호의 내면에 상처를 남긴 것이지요. 개인의 삶을 통해 현대사의 아픔을 보여 주는 작품입니다.

2007년 개봉작인 김지훈 감독의 「화려한 휴가」는 광주 이야기를 장편 상업 영화에서 다루었다는 점이 특징적입니다. 상업 영화임에도 이 작품은 역사적 현장을 비교적 충실하게 재현했지요. 이 영화는 600만 명이 넘는 관객을 끌어들이며 흥행에서도 성공을 거두었습니다. 김지훈 감독은 이 영화를 만든 이유에 대해 "5·18의 아픔은 다름 아니라 망각, 왜곡입니다."[90]라고 말하며 기억의 중요성을 강조했습니다.

2012년에는 조근현 감독이 만화가 강풀의 웹툰 「26년」을 바탕으로 만든 영화 「26년」을 선보였습니다. 5·18 당시 도청에 남았던 시민군의 자식들이 26년 후 유혈 진압의 '주범'을 처단하기 위해 나선다는, 다소 파격적인 내용을 담고 있지요. 웹툰이 연재될 때에도 하루 평균 조회 수가 200만 건을 넘고, 댓글은 회마다 1,000여 개 이상이 달리며 많은 사람의 관심을 끌었는데 영화 역시 큰 화제가 되었습니다.

> 그 명령을 받고 쏜 사람도 있는데, 그것 때문에 죽은 사람도 있는데, 그 일로 그동안 살아도 사는 게 아닌 사람도 있는데, 쏘라고 명령한 사람은 없단 말인가?
>
> (영화 「26년」 중에서)

영화는 해결되지 않은 5·18의 문제, 가해자의 침묵에 대한 분노 등을 작품 곳곳에 담아냈습니다. 총을 쏘라고 명령한 가해자는 왜 여전히 진실을 말하지 않고 잘못을 반성하지 않는지 뼈아픈 질문을 던지고 있습니다.

2017년에는 광주를 소재로 한 영화가 1,000만여 명의 관객을 극장으로 불러들였습니다. 장훈 감독의 영화 「택시운전사」입니다. 이 영화는 5·18을 취재한 독일 기자 위르겐 힌츠페터와 그를 광주로 실어다 준 택시 기사 김사복을 모티프로 만들어졌습니다. 영화는 현대와 과거, 국내외를 오가며 진실을 알리고자 했던 사람들의 노력을 보여 줍니다.

　5·18 직후부터 40여 년이 지난 지금까지 5·18을 소재로 많은 예술 작품이 창작되었습니다. 시간이 흐르면서 작품의 경향도 달라져 왔는데, 초기작들이 사건을 증언하고 고발함으로써 진실을 알리는 데에 주안점을 두었다면 2000년대 이후로 갈수록 기억의 의미, 인간의 존엄 등으로 확장되고 있습니다. 장르 측면에서도 시와 기록물, 노래와 미술 작품 등이 맨 먼저 사건의 비극성을 고발했다면, 2000년대 들어서는 영화와 웹툰 등이 다양한 세대에게 역사를 환기하고 기억의 의미를 묻고 있지요.

　시간이 흘러도 5·18을 기억하고자 하는 작가와 예술가 들의 노력은 장르와 매체의 구분 없이 계속되고 있습니다.

비극을 기억하고자 애쓰는 예술가

비극의 시대일수록 그 비극을 기억하려고 애쓴 예술 작품이 탄생하곤 합니다. 말이 억압받는 시대에는 사진 한 장, 그림 한 장으로 진실을 알리려는 예술가들이 있기 때문입니다. 세계적인 화가 파블로 피카소와 그의 작품「게르니카」는 그 가장 대표적인 예입니다.

스페인 출신의 화가 피카소가 파리와 바르셀로나를 오가며 그림을 그리던 시절인 1936년 7월, 스페인에서는 프란시스코 프랑코 장군이 쿠데타를 일으키면서 전쟁이 일어났습니다. 스페인 내전이라 불린 이 전쟁은 3년 동안 이어지면서 40만 명 이상의 희생자를 냈지요.

스페인 내전이 한창이던 1937년 4월 26일, 나치의 폭격기들이 스페인 북부 바스크 지방의 작은 도시, 게르니카를 맹렬히 공격했습니다. 독일의 히틀러가 프랑코를 지원하기 위해 반대파인 인민전선 공화군의 근거지였던 바스크 지방을 공격한 것입니다. 비행기가 5분마다 한 대씩 도시 위를 낮게 날며 사람들을 향해 총을 쏘아 댔지요. 약 3시간 동안 3,000개의 화구에서 불이 뿜어져 나왔고 폭탄 50톤이 사용되었습니다. 인구 7,000여 명 중 1,500여 명이 죽

파블로 피카소 「게르니카」, 1937.

거나 다쳤고, 마을은 폐허가 되었습니다.

　게르니카 공습은 죄 없는 민간인을 향한 무차별 폭격이었습니다. 중요한 군사 시설이나 전쟁터를 주로 폭격했던 그간의 전쟁과는 상황이 달랐지요. 피카소는 이 사건을 담은 사진들을 보고 크게 분노했습니다. 특히 군인이 아니라 민간인이 많이 희생되었다는 것에 더욱 슬퍼했지요. 당시 피카소는 파리 만국 박람회에 출품할 그림을 구상하던 중이었습니다. 피카소는 게르니카를 주제로 그리기로 마음먹고 그해 6월에 작품을 완성했습니다. 가로 7미터, 세로 3미터가 넘는 커다란 캔버스에 그려진 「게르니카」에는 죽은 아이를 안은 여인, 울부짖는 황소, 조각난 시체 들이 왜곡된 형태로 뒤엉켜 있습니다. 전쟁이 얼마나 고통스러운지 화폭에 담고자 했던 피카소의 고뇌가 담겨 있지요.

「게르니카」에 대한 피카소의 소신은 이후 나치의 비밀경찰 게슈타포와 나누었다고 전해지는 짤막한 대화에서 엿볼 수 있습니다. 2차 대전이 시작된 후, 피카소의 집에 게슈타포가 들이닥쳤습니다. 게슈타포는 벽에 붙어 있는 「게르니카」 그림엽서를 보고 물었습니다.

"당신이 했소?"

피카소는 이렇게 대답했습니다.

"아니요, 댁들이 했소."[91]

「게르니카」는 피카소의 대표작이자 현대 미술의 걸작으로 꼽히지만, 한동안 스페인에서 볼 수 없었습니다. 스페인 내전에서 프랑코 장군이 승리한 뒤 독재를 했는데, 피카소는 조국에 프랑코가 있는 한 이 작품을 걸 수 없다고 했기 때문입니다. 「게르니카」는 스페인이 민주화된 뒤인 1981년에야 스페인으로 보내졌습니다. 그때는 이미 피카소가 세상을 떠난 뒤였지요. 「게르니카」는 지금 마드리드의 레이나소피아국립미술관에 소장되어 있습니다.

피카소의 그림 중에는 6·25 전쟁을 소재로 한 「한국에서의 학살」도 있습니다. 피카소는 게르니카에서 일어난 전쟁뿐만 아니라 세계의 모든 전쟁에 반대한다는 메시지를 전하고자 했지요.

10

5·18 엄마가 4·16 엄마에게

당신 원통함을 내가 아오
힘내소, 쓰러지지 마시오

5·18민주유공자유족회 5·18구속부상자회 5·18민주화운동부상자회 5·18기념재단 5·18행사위원회 영암마트

2015년 팽목항에 내걸린
현수막

아픔의
연대를 향해

5·18은 1980년 광주에서 한 번 일어난 사건이었다.
하지만 우리는 그것을 기억하고 기념함으로써
그것을 그때의 일회성에서 해방시켜
지금의 일로 만들고 또 앞으로의 일로 만든다. (……)
일회적 사건이 보편성을 얻을 때, 사건은 역사가 된다.[92]

김상봉, 철학자

5·18은 이제 대한민국 광주에서 일어난 과거의 사건으로만 멈추어 있지 않습니다. 아픔의 연대를 향한 노력은 지금도 계속되고 있습니다.

많은 사람이 광주를 기억하고 기념하기 위해 애써 왔습니다. 특히 1990년대에 들어오면서는 국가 차원에서 5·18의 아픔을 씻어 내고 그 의미를 재평가하는 일, 희생자들의 명예를 회복하는 일이 차례차례 이루어졌습니다.

우선 시급한 일은 억울하게 희생된 피해자를 찾고 그 피해에 대해 국가가 보상을 해 주는 것입니다. 1990년 8월에 '광주 민주화 운동 관련자 보상 등에 관한 법률'이 만들어졌고 이 법에 따라 지금까지도 계속 피해 보상을 하고 있습니다. 5·18 관련자들의 명예도 회복되었습니다. 항쟁에 참여했다가 피해를 입은 2,556명은 '빨갱이' '폭도' 등의 오명을 벗고 '5·18 민주 유공자'로 공식 인정받게 되었습니다.

5·18 희생자를 추모하는 공간도 만들어졌습니다. 1997년 망월

묘역 옆에 새로운 5·18 묘지가 만들어졌고 이곳은 2002년 국립묘지가 되었습니다.

우리나라 역사에서 국립묘지는 나라를 지키다 목숨을 잃은 사람들을 기리는 공간으로 시작했습니다. 주로 6·25 전쟁 때 희생된 군인들을 국립묘지에 모셨지요. 1990년대에 들어서서는 부당한 국가 폭력에 희생된 이들도 국립묘지에 모셨습니다. 민주화 운동 희생자에게도 국가 차원의 예우를 갖추게 된 것이지요.

국립5·18민주묘지에 놓인 사진에는 새하얀 면사포를 쓴 웨딩드레스 차림의 신부도 있고, 교복 차림의 앳된 얼굴도 있습니다. 1980년 5월 광주에서 남편을 마중 나갔다가, 다친 시민들을 위해 헌혈을 하고 돌아오던 길에, 마지막까지 전남도청을 지키다가 목숨을 잃은 이들입니다.

국립 5·18민주묘지 안에는 5·18추모관도 있는데 여기에는 당시 시민들의 주검을 감쌌던 비닐부터 태극기, 시민들의 유품, 계엄군이 사용한 소총과 대검, 곤봉 등이 전시되어 있습니다. 국립5·18민주묘지는 이 땅에 다시는 불의와 독재가 발붙이지 못하도록 하는 기억과 추모의 공간입니다.

1999년에는 광주시 치평동의 옛 상무대 근처에 공원을 조성해 '5·18자유공원'이라 이름 붙이고 당시의 모습을 재현해 두었습니다. 이곳은 5·18 때에 계엄군의 지휘 본부가 있었던 곳으로 군인들에게 끌려온 시민들이 이곳에 갇혀서 모진 고문을 받았습니다. 그

2017년 5·18 전국 사진 대전 입선작인 정평기의 「5·18 전경」(위)과 특선작인 문요한의 「참 배」(아래). 국립5·18민주묘지와, 묘지 안에 있는 위령봉안소의 모습을 볼 수 있다.

런 곳에 공원을 만들어 그날을 기억할 수 있도록 한 것이지요.

시민군이 최후의 항전을 벌였던 옛 전남도청과 그 일대에는 '국립아시아문화전당'이 조성되었습니다. 그 앞의 분수대 광장에는 5·18민주광장이라는 이름이 붙었습니다. 이 두 곳에서는 해마다 5·18을 기념하는 행사와 전시가 열립니다. 또 광주와 전남 곳곳에는 당시 격전지를 중심으로 광주 32개소, 전남 73개소 등에 사적지를 안내하는 표지석과 안내판 등이 설치되었습니다.

과거사 청산의 귀한 사례

5·18과 관련된 기록물들을 체계적으로 정리하는 작업도 진행되었습니다. 이 작업은 국제적으로도 의미가 있습니다. 미흡한 점이 있긴 하지만 학살 책임자를 국민의 힘으로 법정에서 심판한 5·18은 세계적으로 과거사 청산 운동의 귀한 사례로 꼽히기 때문입니다.

세계 곳곳에서 국가 폭력이나 반인륜적인 범죄가 벌어졌지만, 과거 청산 작업이 5·18처럼 잘 이루어진 곳은 거의 없습니다. 5·18은 '진상 규명, 책임자 처벌, 명예 회복, 피해 보상, 기념사업' 등 중요한 5가지 원칙이 모두 적용되었지요. 이 5대 원칙은 유엔인권소위원회가 중대한 인권 침해 사건에 대한 해결 방법으로 내놓은 원칙이기도 합니다.

한편 광주시에서는 1994년부터 5·18 기록물과 유품 등을 수집해 1997년부터 『5·18광주민주화운동자료총서』를 간행했습니다. 수많은 학자가 힘을 보탰지요. 그런 노력에 힘입어 2011년에는 5·18 관련 각종 기록물이 유네스코 세계기록유산으로 등재되었습니다. 수사 및 재판 기록, 시민 성명서, 사진과 필름, 병원 치료 기록, 국회 청문회 회의록, 피해자 보상 자료, 미국 비밀 해제 문서 등 4,271권(85만 8,900여 쪽)의 기록 문서철과 필름 등 2,017개의 기록물이 모두 '5·18 민주화 운동 기록물'로 올랐지요. 광주 시민들의 귀한 희생정신을 국제 사회에서도 인정한 것입니다. "5·18 기록물이 영국의 「대헌장」, 프랑스 혁명의 「인권선언」 등과 마찬가지로 유네스코 세계기록유산에 등재됨으로써 5·18은 인류사의 진전 과정에서 반드시 기억되어야 할 '세계사적인 사건'으로 자리매김"[93]했다고 할 수 있습니다.

이는 5·18 민주화 운동이 보여 준 인권, 민주, 평화의 정신을 지구촌 사람들과 함께할 수 있게 되었다는 데에 큰 의미가 있습니다. 유네스코 세계기록유산 국제자문위원장인 로슬린 러셀은 5·18 관련 기록물에 대해 이렇게 말했습니다.

이 기록유산은 인간이 경험할 수 있는 가장 참혹한 죽음을 조사하고 묘사하기조차 어려울 정도의 잔혹한 인권 침해에 대하여 설명하며 극도의 역경과 박해를 넘어선 인간 승리에 대한 기록들을 포함하고 있습니다. 이

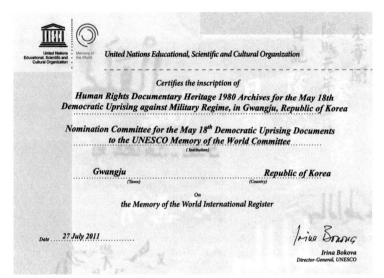

유네스코 세계기록유산 등재 인증서.

는 인류의 양심과 기억의 일부분으로 영원히 남아 있어야 합니다.[94]

이 기록물들은 광주 금남로의 옛 광주 가톨릭센터를 새롭게 단장해 만든 '5·18민주화운동기록관'에 영구 보관되어 있습니다.

광주인권상을 만들다

5·18기념재단에서는 2000년에 '광주인권상'을 만들었습니다.

인권과 통일, 평화를 위해 큰 공헌을 한 국내외 인사나 단체를 선정해 상을 주고 있지요. 5·18의 정신을 시대에 맞게 구현하겠다는 의지의 표현이자, 인권과 평화를 위해 노력하는 이들에 대한 격려와 지지, 연대의 표현이기도 합니다.

역대 수상자들의 면면도 남다릅니다. 첫해인 2000년에는 티모르저항민족회의 의장으로서 동티모르의 민주주의와 인권을 위해 싸운 사나나 구스마오에게 상을 주었습니다. 구스마오는 이후 동티모르의 첫 대통령이 되기도 했지요.

2013년에는 '망각과 침묵에 대항하여 정체성과 정의를 위해 싸우는 아들딸들'이라는 아르헨티나의 인권 단체가 수상했습니다. 이 단체는 아르헨티나가 1976년부터 1983년까지 군사 독재를 겪는 동안 실종되거나 처형, 투옥된 사람들, 또는 그 억압을 피해 망명할 수밖에 없었던 사람들의 아들딸들로 구성되었습니다. 아르헨티나의 인권 단체들에 따르면 이 기간에 납치·고문·살해당한 것으로 추정되는 사람은 3만여 명에 이릅니다. 이 단체는 군사 독재 시절 이루어진 대량 학살에 책임이 있는 이들을 기소해 정의를 바로 세우는 한편, 어딘가에 묻혀 있는 시신을 발굴하고 신원을 확인하는 일을 지원하고 있습니다.

세계에는 여전히 분쟁이나 독재로 고통받는 나라들이 있습니다. 그 속에서 많은 사람이 인간성을 존중하고 회복하기 위해 노력하고 있지요. 광주인권상은 그들을 지지하고 응원합니다. 이런 의

지는 2011년 수상자인 인도의 인권 운동가 비나약 센의 수상 소감에서도 만날 수 있습니다.

광주인권상의 정신은, 인권 침해가 언제 발생하고 이에 저항하는 데 얼마나 비용이 드는가에 상관없이, 우리 모두가 모든 형태의 인권 침해를 계속해서 반대하도록 촉구하고 있습니다. 우리는 평화를 항상 추구하지만, 공정과 사회 정의 없이는 평화가 올 수 없다는 사실을 알고 있습니다. (……) 한국 국민의 연대는 아시아와 전 세계의 억압받는 사람들과 영원히 함께할 것입니다.[95]

광주의 정신을 지키는 연대와 공감의 활동은 평범한 사람들 사이에서도 이어지고 있습니다. 4·16 세월호 사건이 일어나자, 오월어머니집에서는 자식을 애타게 기다리고 있는 부모들이 모인 진도 팽목항에 이런 현수막을 내걸었습니다.

5·18 엄마가 4·16 엄마에게
당신 원통함을 내가 아오
힘내소, 쓰러지지 마시오

소중한 가족을 잃은 참혹한 아픔을 겪은 사람만이 건넬 수 있는 따뜻한 위로였습니다. 오랜 세월 가슴앓이를 해야 했던 5·18의 가

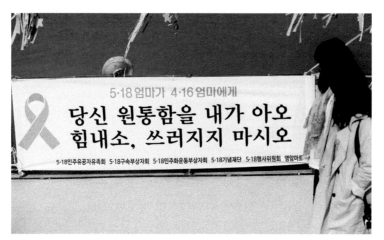

오월어머니집이 진도 팽목항에 내건 현수막.

족들이, 그와 비슷한 아픔을 겪고 있는 4·16의 가족들에게 내민 손길이지요.

2015년 5·18 민주화 운동 35주년을 기념해 옛 전남도청 분수대 앞에서 열린 전야제에서는 세월호 유가족들과 오월어머니집 등이 세월호 참사 추모곡인 「천 개의 바람이 되어」를 함께 불렀습니다. 당시 유경근 세월호 가족대책위원회 대변인은 "광주 시민들이 손을 내밀어 주셔서 다시 힘을 얻게 됐다."[96]라고 말했습니다.

5·18의 정신은 아픔의 연대로 우리 곁에 살아 있습니다.

인도네시아의 와르다 하피즈
가난과 민주주의를 위해 싸우다

인도네시아는 인구가 2억 3,000만 명이 넘고 면적은 한반도의
약 9배에 이르는 큰 나라입니다. 자원도 풍부하지요. 하지만 정치
불안과 사회 갈등으로 경제적으로는 아직 가난한 나라입니다.

인도네시아에는 빈민이 약 2,000만 명 정도 있습니다. 수도 자카
르타에만 300만 명에 이르는 빈민이 살고 있지요. 이들의 다정한
친구가 되고 있는 단체가 바로 2005년 광주인권상 수상자 와르다
하피즈가 이끄는 도시빈민연합(UPC, Urban Poor Consortium)입
니다.

도시빈민연합은 자선을 베풀지 않습니다. 그보다는 빈민들 스
스로 문제의 원인을 파악해 해결하도록 이끌지요. 와르다 하피즈
는 한 언론 인터뷰에서 자신이 하는 일은 "물고기가 아니라 물고
기를 잡는 방법을 주는 것"이라며 다음과 같이 소신을 밝혔습니다.

그들에게 음식이나 돈을 주는 것은 우리가 아니다. 우린 그들이 스스로
를 조직화하고 소득을 높이며 정부에 요구를 하는 등의 활동을 할 수 있도
록 함께 일하는 것이다. (……) 이제 그들은 자신감을 갖게 됐고 자신들이
왜 가난한지 안다. 가난에 대한 투쟁은 긴 여정이다. 내가 죽은 뒤에도 가

난은 여전히 존재할 것이다. 우리가 원하는 것은 빈민들이 스스로 해결할 수 있는 길을 찾도록 빈민들과 함께 일하는 것이다.[97]

2004년 12월에 남아시아에 지진이 일어났을 때 인도네시아 빈민촌의 피해가 특히 컸습니다. 진도 9.3의 강진과 해일로 인도네시아에서만 24만 명 이상이 죽거나 실종되었지요. 도시빈민연합 회원들과 와르다는 주요 피해 지역인 아체 지역에 계속 머무르면서 23개 마을의 3,500가구를 복구하는 데 온 힘을 기울였습니다.

와르다는 사회의 변화는 엘리트가 아니라 민중들에게서 나온다면서 15년간 빈민 운동에 헌신한 이유에 대해 이렇게 이야기합니다.

우리 가난한 사람들도 이 땅에 발붙이고 인간적인 삶을 누릴 권리가 있다. 하지만 그 권리는 거저 주어지는 게 아니다. 가진 자들이 부와 특권을 스스로 나눠 준 적은 한 번도 없다. 단결하고 싸워야 한다. 우리는 혼자가 아니다.[98]

와르다는 무슬림 여성 지도자로서 남녀평등 운동도 이끌었습니다. 인도네시아 여성이슬람포럼 의장 등으로 활동하면서 여성과 이슬람 신자의 인권을 위해 싸웠지요.

인도네시아에 민주주의가 자리 잡는 데에도 결정적인 역할을

광주인권상 수상을 위해 우리나라를 방문한 와르다 하피즈 모습.

했습니다. 1968년부터 30년간 인도네시아를 지배했던 수하르토 대통령이 물러난 이후 치러진 첫 선거에서 군인들이 다시 정권을 잡지 못하도록 애썼지요.

2005년 광주인권상심사위원회는 수상자 결정문을 통해 와르다의 노력을 이렇게 평가했습니다.

열악한 정치 사회적 여건하에서 탄압에 굴하지 않고 인도네시아의 민주주의와 빈민을 위해 헌신하고 있는 와르다 하피즈 여사의 노력은 독재 정권에 항거했던 5·18 민주화 운동의 정신을 현재적인 의미에서 계승한다고 할 수 있습니다. 광주인권상심사위원회는 인권 운동가로서 자신의 소명을 다하는 수상자의 삶에 경의를 표하는 바입니다.

와르다는 '빈곤과 민주주의'의 관계에 주목하라고 말합니다. 이는 오랜 빈민 운동 경험에서 나온 통찰입니다. 와르다는 노숙자, 비정규직, 무허가 주택 거주자, 노점상, 빈민 들이 사회적, 정치적 권리를 갖는 것은 인권 문제라고 주장합니다. 이들의 인권이 무시되는 사회는 민주주의와 거리가 멀 수밖에 없다고 이야기하지요.

인권과 민주주의를 위해 싸우고 있는 와르다의 모습에서 살아 있는 '광주 정신'을 만날 수 있습니다.

한 걸음 더 나아가기

불의와 정의가 충돌할 때

박만규(전남대학교 역사교육과 교수)

좁게는 지난 1980년 5월 18일부터 27일까지 광주와 전라남도 곳곳에서 펼쳐진 열흘간의 시민 항쟁, 넓게는 사건의 진상을 밝히고 학살 책임자를 처벌하고 그 의로운 정신을 이어 가려는 여러 노력까지를 아울러 5·18 민주화 운동이라고 부른다. 이 운동은 우리 현대사에서 손꼽히는 큰 사건 가운데 하나다. 이 책을 통해 5·18이 단지 지나가 버린 과거의 일이 아니라 여전히 우리 삶 속에서 살아 움직이는 현재적 사건임이 잘 전달되었기를 기대한다.

　그런데 5·18은 워낙 크고 중요한 사건이어서 다양한 각도에서 살펴볼 여지가 많다. 여기서는 몇 가지 이슈를 중심으로 앞서의 이야기를 정리하면서 5·18을 좀 더 폭넓게 이해하는 데 필요한 실마리를 마련해 보려고 한다.

1 민주주의를 누린다는 것

5월 18일은 현재 국가에서 공식 지정한 민주화 운동 기념일이다. 그래서 해마다 국가가 주관해 5·18 민주화 운동 기념식을 치르고 있다. 그러면 '민주화 운동'이란 무엇인가. 말 그대로 민주주의를 실현하기 위한 시민들의 자발적인 노력을 뜻한다. 만약 민주주의를 진전시키는 일을 정부가 주도했다면 그것은 민주화 '운동'이아니라 민주화 '조치'라고 부를 것이다.

돌이켜 보면 1919년 3·1 운동 과정에서 민주 공화제의 대한민국이 건국됐고 그 운영 주체로 '대한민국 임시 정부'가 수립됐다. 해방 후인 1948년에 남한에서는 그 임시 정부를 계승하여 정식 정부가 출범했다. 그러나 '대한민국은 민주 공화국이고 모든 권력은 국민으로부터 나온다.'라고 규정한 헌법 조항에도 불구하고 우리나라의 민주주의는 오랫동안 독재자들에게 짓밟혔다.

이미 임시 정부의 대통령직에서 한차례 탄핵당한 적 있는 이승만은 정식 정부의 첫 대통령이 되고서도 종신 집권을 꾀했다. 그가 4·19 혁명으로 쫓겨나며 간신히 살아난 민주주의의 싹은 불과 1년 만에 박정희가 이끄는 불법적인 군사 쿠데타로 다시 짓밟혔다. 그는 18년 동안이나 집권했다. 처음 절반은 민주주의의 형식을 빌려쓴 채, 다음 절반은 이른바 유신 체제를 선포하여 노골적인 독재자로 군림했다. 1979년 그가 살해당함으로써 실로 오랜만에 다시 민주주의가 살아날 계기가 마련되었다.

그러나 전두환과 노태우를 중심으로 이른바 신군부가 등장하여 12·12 사태를 통해 군부를 장악하고, 이듬해 1980년 5월 17일 자정에 계엄령을 전국으로 확대하면서 시민들의 민주화 열기를 억압했다. 5·18은 이 과정에서 광주의 학생과 시민이 목숨을 내걸고 저항한 반독재 민주화 운동이다.

광주 시민을 무자비하게 살상하고 군부 독재를 부활시킨 전두환 신군부는 7년간 폭력으로 국민을 억눌러 다스린 끝에 결국 1987년 6월 민주 항쟁으로 굴복하였으나 완전한 항복은 아니었다. 민주화 세력의 분열을 꾀한 다음 노태우 정권 5년을 더 집권하고서야 역사의 전면에서 물러났다. 김영삼 민간 정권에서도 그 잔당들은 여전히 한 귀퉁이를 차지하다가 그다음 김대중, 노무현 정부에 들어서서야 역사의 뒤안길로 사라졌다.

이처럼 지극히 어려운 과정을 거쳐 민주 정부가 세워졌으나 불과 10년 후 이명박, 박근혜 정부가 들어서면서 우리 민주주의는 크게 후퇴했다. 다시 권력이 시민을 감시하고 통제하기 시작했으며 사회 각 방면에서 자유가 줄어들고 인권이 침해당했다. 당연히 부정과 비리가 널리 퍼졌다. 그 결과로 수많은 시민이 동참한 평화적인 촛불 혁명이 일어나 문재인 정부를 세웠고 두 전직 대통령은 감옥에 수감되었다.

오늘 우리가 누리는 민주주의는 저절로 얻어진 것이 아니다. 4·19 혁명 – 5·18 민주화 운동 – 6월 민주 항쟁 – 촛불 혁명과 같은 시민들의 피와 땀과 눈물로 이룬 결실이다. 또 민주주의는 한번 얻었다고 하여 계속 손에 쥐고 있을 수 있는 것도 아니다. 권력이란 언제나 스스로를 강화하고 지속하려는 속성을 지녔기 때문이다. 우리 시민들이 항상 깨인 눈으로 권력을 감시해야만 민주주의를 온전히 누릴 수 있다.

2 국가 폭력 감시하기

국가는 왜 존재하는가. 국민의 생명과 안전을 지키고 자유와 평등을 실현해 행복한 삶을 보장하는 데에 필요하기 때문이다. 이를 위해 주권자인 국민들은 대리자를 뽑아 권력을 맡겼다. 그러나 역사를 보면 처음부터 불법적으로 권력을 차지한 경우는 물론이고 정당한 절차로 권력을 위임받은 자들까지도 그 권력을 더 오래 가지려고, 또 자신의 이익과 욕심을 채우려고 잘못 사용하는 일이 너무 많았다.

많은 독재자가 주권자인 국민을 도리어 감시하고 억압할 뿐 아니라 체포하여 고문하기도 하고 심지어 살상까지 감행한다. 이처럼 권력자가 국가의 이름으로 국민에게 폭력을 휘두를 때 이를 국가 폭력이라 한다.

해방 후 우리 현대사에서는 오랫동안 독재자들이 권력을 쥐고 수많은 국가 폭력을 저질렀다. 이승만 집권 기간에 일어난 제주 4·3 사건에서는 2만 5,000여 명의 주민이 살해당했으며, 특히 6·25

전쟁 기간에는 죄 없는 민간인이 곳곳에서 희생당했다. 5·18 역시 불법적으로 권력을 차지하려는 신군부가 광주의 민주 시민들을 상대로 저지른 잔혹한 국가 폭력이다.

민주주의를 파괴하려는 독재 권력은 폭력을 사용할 수밖에 없다. 더욱이 그것을 국가의 이름으로 행사하기 때문에 한층 가증스럽다. 따라서 민주 시민은 항상 국가 권력의 일탈을 감시하고 경계해야 한다. 국가 폭력의 가능성을 예방해야 할 뿐 아니라 그것이 자행됐을 경우에는 언제까지든지 그 죄악을 물어 응징해야 한다.

3 누가 발포를 명령했나

5·18 직후부터 진상 규명 요구가 거세게 제기되었다. 어떤 사건이든 진상을 밝히는 것은 그 선악과 시비를 가리는 데 가장 기초적이고 우선적인 일이다. 왜 광주에서 대규모 유혈 시민 항쟁이 일어났는지, 그리고 그 과정이 구체적으로 어떠했는지 파악하는 것은 5·18 문제 해결을 위해 가장 먼저 해야 할 필수 과제였다. 그동안 여러 시민 단체가 이를 위해 나섰고 국회에서는 청문회를 열었으며 언론 취재와 사법 판결 등을 통해 많은 사실이 알려졌다. 그럼에도 불구하고 아직까지 완전한 진상 규명이 되지 못했으므로 최근 국회에서는 특별법을 만들어 5·18진상규명위원회를 꾸리기로 했다.

5·18과 관련해 명확히 밝혀져야 할 내용은 많지만 그중 핵심은

정확한 피해 상황을 아는 일, 그리고 수많은 시민을 다치게 하고 목숨을 앗아 간 무력 진압과 발포를 누가 명령했는지 그 최고 책임자를 밝히는 일이다. 당시 정황으로 볼 때 그 당사자들이 누구인지는 모두가 짐작하고 있지만 정작 그들은 이를 극력 부인한다.

군부 내 사조직이었던 신군부 핵심 인사들끼리는 사적인 의리로 맺어져 결속력이 강했다. 그 속에서 보스 역할을 한 자는 통 크고 대범한 성격이라고 자랑해 왔다. 그러나 그런 특성은 그들 간의 사적인 관계에서만 나타났을 뿐 공적인 영역에서는 도무지 찾아보기가 어렵다. 명색이 대통령까지 지낸 자들이 끝까지 책임을 부정하는 비겁함은 보기에 역겹다. 특히 청소년들에게 보여 주기 민망한 추한 모습이다.

그들의 자발적인 고백과 참회를 기대할 수 없다면, 결국 앞으로 활동할 5·18진상규명위원회가 객관적인 증거를 확보할 수밖에 없다. 증거에 입각해 엄중히 책임을 물을 때 우리 사회의 정의는 한 걸음 더 나아갈 수 있을 것이다.

4 피해자들을 보살피기

신군부 가해자들과 그들에게 굴종한 자들이 부와 권력을 거머쥐고 떵떵거리며 살 때 5·18의 직·간접적 피해자들은 피눈물을 흘리며 고통의 세월을 살아 내야 했다. 사망자와 부상자를 포함해 체포되고 고문당한 직접 피해자만도 수천 명이었다. 거기에 그들의 가족과 친지까지 포함하면 정신적으로 고통을 겪은 사람은 헤아릴 수조차 없이 많다. 더 범위를 넓혀 보면 '폭도'들의 본거지로 낙인찍혔던 광주와 전라남도의 시민 모두가 피해자였다.

역사 속에서 우리는 목숨을 바쳐 불의에 저항한 사람들을 많이 본다. 안타깝게 희생당한 경우 우리는 그들을 의사 또는 열사라 부르며 높이 받든다. 모순과 부조리의 원인을 알고 그것을 일으킨 대상을 찾아 그에 저항할 것을 주체적으로 선택하고 결단한 끝에 생명까지 희생한 경우를 의사라 부른다. 안중근, 윤봉길 등이 그들이다. 또 불의한 자들에게 굴종을 강요당하면서도 목숨을 바쳐서까지 끝끝내 절의를 지킨 이들을 열사라 한다. 3·1 운동 때의 유관순, 5·18 시민군의 윤상원이 바로 그들이다. 5·18 민주화 운동은 박관현, 박래전, 조성만, 표정두 등 많은 열사를 낳았다. 역사를 바른 쪽으로 이끌어 온 이들의 정의감과 용기는 최고의 예의를 갖추어 칭송해야 마땅하다.

물론 5·18의 모든 피해자가 의사나 열사였던 것은 아니다. 자신의 뜻과 관계없이 연루되거나 그저 우연히 희생된 사람도 많다. 그들 역시 불의와의 싸움에서 정의가 승리하는 데 밑거름이 되었다는 점에서 마찬가지로 고귀한 희생이라고 할 수 있다. 우리는 그들도 예의를 갖추어 추도하고 예우해야 한다.

그밖에도 다행히 목숨을 잃지는 않았지만 5·18로 인해 몸과 마음에 상처를 입고 오래 고통을 당한 이들이 수없이 많다. 우리는 그들의 희생 위에서 오늘을 살고 있는 것이므로 피해를 입은 당사자들은 물론이고 그 가족들까지 최대한 끌어안고 보살펴야 한다. 법률과 제도를 갖추어 그들의 명예에 걸맞은 예우를 하고, 보상하고, 치유하는 데에 힘써야 한다.

5 공동체의 품격

인간은 사회적 동물로서 집단생활을 한다. 공동체를 이루어 산다. 작게는 가족에서부터 크게는 국가까지 모두 규모는 다를지언정 공동체이다. 공동체 속에 사는 인간의 특성이 공생과 협력인가 아니면 경쟁과 투쟁인가에 대해서는 사람에 따라 생각이 다르다. 대체로는 두 가지가 뒤섞여 나타날 것이다. 즉 공동체 내에서 이기적 다툼이 주될 경우도 있고 함께 협력하여 공생을 추구하는 경우도 있다.

우리는 공권력이 없어 텅 빈 상황 혹은 정전이나 홍수 같은 비상사태에, 사람들이 자신의 안전과 이익만 우선 생각해 이기적으로 행동한 일화들, 혹은 그것이 극단으로 치달아 집단적 폭력 사태가 발생한 사례들을 많이 알고 있다. 그런 경우를 보면서 인간의 본성은 과연 어떠한지에 대해 회의하고 실망하게 된다. 영국 철학자 토머스 홉스의 "만인의 만인에 대한 투쟁"이라든가, 고대 중국의 순자가 내세운 '성악설'은 그에 대한 단적인 표현이다.

하지만 5·18 항쟁 기간 동안 계엄군에 완전히 포위된 상황에서 광주 시민들은 참으로 고결한 모습을 보여 주었다. 서로 주먹밥을 나누고 수혈이 필요한 부상자들을 위해 앞장서 헌혈에 나섰다. 수천 자루의 총기가 있는데도 절도나 강탈 사건이 전혀 발생하지 않았다. 행정과 치안의 공권력이 완전히 사라진 속에서도 완벽한 질서가 유지되었다.

물론 5·18 당시 광주 시민 공동체는 특수한 상황 속에서 비교적 짧은 기간 지속된 것이었다. 그러나 인구 80만 명의 대도시 공동체가 얼마나 도덕적일 수 있는지 그 가능성을 보여 준 모범 사례이다. 인간은 결코 이기적이고 경쟁적이기만 한 추악한 존재가 아니라 우애와 협력이 얼마든지 가능한 존재임을 선명하게 보여 주었다. 세계적으로도 찾아보기 어려운 품격 높고 아름다운 장면이었다.

6 오해와 악의를 넘는 법

5·18은 불의한 권력에 맞서 싸운 민주 시민들의 의로운 항쟁이었으며 국가 차원에서도 이제 민주화 운동으로 정의되어 있다. 그럼에도 불구하고 이 같은 공식적인 견해가 전 국민에게 공유되어 있지는 않다. 5·18에 대해 아예 무관심한 사람도 있고 심지어 아직도 잘못된 인식에 사로잡혀 있거나 더 나아가 이를 악의적으로 선전하는 세력까지 있는 것이 엄연한 현실이다.

그 원인은 크게 두 가지이다. 첫째는 한국 사회를 오랫동안 지배해 온 이른바 기득권 가운데 일부가 5·18에 대해 북한군 개입설 등 나쁜 소문을 계속 퍼트려 왔기 때문이다. 둘째는 어떤 이유에서 건 왜곡된 심리를 갖게 된 이른바 '일베'와 같은 이들이 자기 불만 배출구의 하나로 5·18과 '전라도'에 대한 '혐오'를 공공연히 나타내고 있기 때문이다.

어느 경우든 이들은 그 나름대로 강한 자기 확신을 갖고 있기 때문에 이들의 생각을 단기간에 뿌리까지 바꾸기란 거의 불가능하다. 하지만 5·18에 대해 잘못된 생각을 갖게 된 사람들을 설득하는 일, 최소한 나쁜 소문을 제어하는 일을 소홀히 할 수는 없다. 이를 위해 가장 효과적인 방법은 무엇일까?

좋은 돌파구의 하나는 5·18을 세계화하는 것이다. 특히 우리와 가까이 있으면서 아직도 민주화를 역사적 과제로 남겨 두고 있는 동남아 국가들에게 5·18은 훌륭한 참고 사례이다. 군부 독재의 폭압에 맞서 큰 희생을 치렀지만 비교적 단기간에 독재자들을 굴복시키고 법정에 세워 죄를 물은 5·18 민주화 운동은 그들에게 거울이 될 수 있다.

5·18이 지향한 민주, 인권, 평화의 정신은 세계인 누구에게나 거부감 없이 받아들여질 수 있는 보편적 가치이다. 유네스코에서 5·18 기록물을 세계기록유산으로 등재한 것도 이를 잘 보여 준다.

7 역사라는 창작의 원천

큰 역사적 사건은 문화와 예술을 창작할 때 중요한 모티프가 되고 소재가 된다. 5·18은 불의와 정의가 격렬하게 충돌하는 거대한 프레임 속에서 희로애락의 온갖 인간 감성이 휘몰아치는 용광로와 같았다. 예술적 감수성이 뛰어난 작가라면 이들의 분노와 증오, 사랑과 우애로부터 무궁무진한 상상력의 원천을 발견할 수 있을 것이다. 이미 시, 소설, 희곡 등에서 5·18을 소재로 한 많은 작품이 창작되었고, 음악과 미술, 조각, 판화 등에서도 오월 작품들이 계속 나오고 있다.

5월 18일 그날 아침, 계엄령이 내리면 모이기로 한 약속에 따라 전남대 정문에 모인 200여 명 학생들의 고운 심성은 어느 예술가를 만나 어떻게 표현될 수 있을까? 스스럼없이 주먹밥을 나누고 헌혈을 한 시민들의 아름다운 연대는 어떤 장르 속에서 어떻게 생명력을 얻게 될까? 죽음을 내다보면서도 도청을 지키기 위해 남은 수백 명 시민 전사들의 공포와, 끝내 그 공포를 이겨 낸 용기는 명장의 가슴과 손길을 거쳐 영원한 인류의 명작으로 재탄생할 수 있지 않을까? 자식을 저세상으로 먼저 보낸 어머니들의 헌신적인 노력 또한 무엇보다 아름답게 기록되어야 하지 않을까?

5·18은 한국 현대사의 큰 사건으로서 오래도록 문화 예술의 창작을 북돋는 텃밭이 될 것이다.

지난 19세기 말부터 우리에게 알려진 미국은 언제나 '좋고 아름다운 나라'였다. 우선 우리와 멀리 떨어져 있는 데다 자기 영토가 넓어 다른 제국주의 국가들처럼 우리 국토를 탐내지 않을 것이라고 생각되었다. 실제로 개화기에 이 땅에 온 여러 미국인 선교사는 기독교를 퍼트리면서 동시에 학교와 병원을 세워 우리를 도왔고 가난한 사람들을 보살폈다.

식민 지배자 일본을 패망시켜 우리의 해방을 도운 것도 미국이었다. 또 북한의 남침으로부터 우리를 구해 준 것도, 전쟁 후 폐허에서 우리를 구원한 것도 미국이었다. 그 은혜에 보답한다는 명분으로 베트남 전쟁에 파병해 함께 싸움으로써 미국과 우리는 혈맹, 즉 피를 나눈 우방이 되었다. 미국은 공산주의의 위협에서 우리를 지켜 주었을 뿐 아니라 자유와 인권의 파수꾼이기도 했다. 5·18이 발생하기 전 1970년대까지 우리는 미국을 이렇게 이해했다.

그러나 5·18을 통해 이런 미국의 이미지는 급변하게 되었다. 계엄군의 외곽 포위로 완전히 고립된 광주 시민들은 시시각각 다가오는 생명의 위협과 공포 속에서도 미국만큼은 광주를 지켜 줄 것이라는 간절한 희망을 버리지 않고 있었다. 미국의 항공모함이 부산으로 파견되었다는 소식도 들려왔다. 그러나 그 희망은 미국의 암묵적 승인을 받은 계엄군이 도청에 진입하며 처참하게 꺾이고 말았다.

그 뒤 알게 된 진실은 미국이 처음부터 광주 시민이 아니라 독재 권력의 편이었다는 것이다. 미국에게 한국은 동북아 반공 보루로서의 역할이 무엇보다 중요하고 우선적이었다. 우리 국민의 인권이나 민주화 열망은 그들에게는 부차적인 문제였다. 그래서 비록 돌출적이었지만 신군부가 권력을 장악하는 것을 결국 묵인했고, 광주 시민들의 저항을 조기에 진압하려고 군대를 동원하고 사용하는 것도 방조했다. 그에 따른 배반감과 분노는 먼저 대학생들의 미국 문화원 점거와 방화로 나타났다. 이후 점차 많은 한국인이 세계의 패권 국가로서 오로지 자기 이익을 중심으로 움직이는 미국의 정체를 비로소 깨닫게 되었다.

　생각해 보면 어떤 나라도 완전히 선한 이웃이 될 수는 없다. 외교 관계란 국익이라는 이름으로 서로 주고받는 관계이다. 강대국은 그들대로, 약소국은 또 그 나름대로 자기 이익을 우선하게 마련이다. 미국에 대한 일방적인 호감은 국제 사회에 대한 인식이 부족했던 우리의 착각이었을 뿐이다. 5·18은 우리가 세계 최강 국가 미국과 우리 사이 관계의 본모습을 깨닫는 계기였다.

　우리는 어떤 나라에 대해서도 일방적인 편견을 가져서는 안 된다. 이성의 눈으로 상대방의 처지가 어떠한지 따지고 또 우리의 필요가 무엇인지 분별하여 가능한 한 서로 똑같이 주고받는 상식적인 관계를 기본으로 삼아야 한다.

9 정의에 대한 믿음

정의는 승리하는가. 우리는 현실 속에서 그리고 역사 속에서 아이러니한 현상을 많이 본다. 교활한 악인들이 부와 권력을 누리는 반면, 선량한 사람들은 도리어 억울하게 당하는 경우가 많다. '친일파는 영달을 누리는데 독립운동가 집안은 3대가 망했다'는 떠도는 소문은 그 예이다.

시야를 넓혀 보면 총을 갖고 불쑥 들어선 백인들이 아메리카 대륙을 차지하고 앉아 풍요를 누리는 대신 그들에게 학살당하고 쫓겨난 인디언의 후예들은 보호 구역에서 간신히 살아가고 있는 것도 현실이다.

이런 부조리 앞에서 우리는 흔히 두 가지 의문을 갖게 된다. 절대적 존재로서 신은 있는가 하는 근원적 의문, 그리고 역사 속에서 정의는 과연 승리하는가 하는 질문이 그것이다. 신에 대한 믿음은 이성의 영역을 넘어서므로 밀쳐 두더라도 역사에서의 승리에 대한 믿음에는 늘 회의가 따른다.

그러나 잠깐 승리한 자가 시간의 흐름에 따라 패배하고, 반대로 패배했던 자가 역사 속에서 결국 승리하는 경우도 많다. 일찍이 동학교도 도둑들의 폭동이라 하여 '동학난'으로 불리던 민중 봉기가, 100여 년이 지난 지금은 동학 혁명이 되고 도둑들의 우두머리로 참형당한 전봉준은 위대한 민중 혁명의 지도자로 부활했다.

광주의 민주 시민들을 총칼로 진압한 뒤, 군사 독재자들과 그들에게 굽실거리던 지식인, 언론인 들은 5·18을 '광주 사태'라 부르며 북한의 사주를 받은 '폭도'들의 난동으로 비하했다. 그러나 '폭동'은 6월 민주 항쟁을 거치며 불과 8년 만에 '민주화 운동'으로 격이 높아졌고, 곧이어 '폭도'는 '민주 유공자'가 되었다. 반대로 가해자 측의 우두머리들은 죄수복을 입고 감옥에 갇혔다. 5·18은 그렇게 현실에서의 승리와 패배가 역사 속에서 뒤집힌 가장 극명한 사례가 되었다.

물론 이런 대반전은 저절로 이루어진 것은 아니다. 살아남은 자들이 죽은 이들의 의로운 뜻을 이어받아 끈질기게 실천하는 가운데 얻은 승리이다. 다시 말하면 정의로운 패배자들이 밑거름이 되고 그 계승자들이 투쟁 끝에 결실을 맺어 마침내 승리의 월계관을 선물해 준 것이다.

도산 안창호 선생이 "진리는 반드시 따르는 자가 있고, 정의는 반드시 이루는 날이 있다."라며 우리를 격려했듯, 역사는 그렇게 빛을 향해 나아가는 것이다. 그래서 우리 인류는 여전히 미래를 기대할 수 있다. 5·18 민주화 운동은 우리에게 역사에 대한 믿음과 희망을 주는 참으로 좋은 사례이다.

1961　5·16 군사 정변 발생.

1970　전태일 분신 사망.

1972　유신 헌법 제정.

1978　동일방직 여성 노동자들에게 '똥물 투척 사건' 발생.

1979　10·26 사태 발생, 12·12 군사 반란 발생, 신군부 등장.

1980　민주화의 봄(전국 대학 총학생회 부활, 병영 집체 훈련 거부 운동)

　　5.14. 전국 27개 대학 총학생회장단이 거리 시위를 결의.

　　5.15. 서울 시내 대학생 10만여 명 밤늦게까지 도심서 시위, 서울역 회군.

　　5.17. 비상계엄령 전국 확대.

　　5.18. 일요일, 맑음 5·18 민주화 운동 발생.

　　　　• 오전 전남대 정문에서 대학생들과 7공수 부대 충돌, 공수 부대원들의 폭력 진압, 학생들 금남로로 이동.

　　　　• 15시 40분경 유동삼거리에 공수 부대 등장, 무자비한 진압 작전 시작.

　　5.19. 월요일, 오후부터 비 첫 발포.

　　　　• 전날(18일) 계엄군에게 구타당한 청각 장애인 김경철 사망 (최초 희생자).

　　10:00 • 시민들, 금남로에서 공수 부대원들과 투석전 전개.

　　16:50 • 계림파출소 근처에서 계엄군의 장갑차가 시위 군중에

포위되자 시민을 향해 발포, 고등학생 김영찬이 계엄군의 총에 맞아 부상(첫 발포).

5.20. 화요일, 오전에 약간의 비 차량 시위.

08:00 • 전라남도교육위원회가 광주 시내 37개 고등학교에 휴교 조치.

19:00 • 공수 부대의 만행을 직접 목격하고 겪은 운전기사들, 무등경기장에서 금남로로 이동하면서 차의 전조등을 켜고 경적을 울리며 차량 시위.

21:45 • 광주의 진실을 알리지 않는 언론에 대한 시민들의 항의 과정에서 광주 MBC(문화방송국) 건물이 불탐.

23:00 • 광주역 광장에서 유혈 진압에 항의하던 시민들을 향해 발포, 사망자 다수 발생.

5.21. 수요일, 맑음 투사회보 발간 시작.

01:30 • 광주 KBS 건물이 불탐.

04:00 • 시민들이 광주역 광장에서 발견된 시체 2구를 손수레에 싣고 금남로에 등장, 이 소식을 들은 시민 수십만 명이 항쟁에 동참.

12:00 • 전남대 앞에서 계엄군이 시위대에 발포. 임신부 최미애 등 2명 사망, 5명 이상 부상.

13:00 • 도청 스피커에서 애국가가 나오면서 공수 부대가 도청 앞 집단 발포. 최소 54명 사망, 500명 이상 부상.

15:30 • 화순, 나주 지역에서 무기 획득한 시위대가 도청 앞에서 공수 부대에 맞섬(시민군 등장).

17:00 • 공수 부대, 도청에서 시 외곽으로 철수.

5.22. 목요일, 맑음 광주 공동체 형성.

09:00 • 도청 앞 광장과 금남로에 시민들 모임.

10:30 • 군용 헬기가 공중을 돌며 "폭도들에게 알린다."라는 내용의 전단 뿌림.

11:25 • 광주적십자병원 헌혈 차와 시위대 지프차가 돌아다니며 헌혈 호소.

13:30 • 시민수습대책위원회(이하 수습위) 대표 8명이 상무대의 전남북계엄분소 방문, 7개 항의 수습안 전달.

17:00 • 수습위 대표가 상무대 방문 결과를 보고.

21:30 • 박충훈 신임 국무총리가 "광주는 치안 부재 상태"라고 방송.

5.23. 금요일, 맑고 한때 흐림 총기 회수.

08:00 • 학생들과 시민들, 자발적으로 금남로 등 시내 청소.

10:00 • 시민 5만여 명이 도청 광장에서 집회, 학생수습위원회가 총기 회수 시작.

15:00 • 도청 앞 광장에서 제1차 민주 수호 범시민 궐기 대회(이하 궐기 대회) 개최.

19:40 • 석방된 시민 34명 도청 광장에 도착.

5.24. 토요일, 오후에 비

13:30 • 공수 부대, 원제마을 저수지에서 수영하던 소년들에게 사격, 중학생 방광범 등 2명 사망.

13:55 • 송암동에서 계엄군들 사이에 오인 사격으로 총격전 발생, 군인 9명 사망, 33명 부상. 군인들이 화풀이로 인근 마을에 사는 무고한 주민들을 학살.

14:50 • 도청 앞 광장에서 제2차 궐기 대회 개최.

5.25. 일요일, 비

15:00 • 도청 앞 광장에서 제3차 궐기 대회 개최.

5.26. 월요일, 아침 한때 비 죽음의 행진.

04:00 • 계엄군 탱크가 시내 방향으로 진출.

08:00 • 시민 수습 위원들이 계엄군의 시내 진입을 막기 위해 '죽음의 행진' 시작.

10:00 • 도청 앞 광장에서 제4차 궐기 대회 개최.

15:00 • 도청 앞 광장에서 제5차 궐기 대회 개최.

17:00 • 시민군 대변인 윤상원, 외신 기자들에게 광주 상황 브리핑.

19:00 • 시민군, "계엄군이 오늘 밤 침공할 가능성이 크다."라고 공식 발표, 어린 학생들과 여성들을 집으로 돌려보냄. 시내에 남아 있던 외국인 207명 철수.

24:00 • 시내 전화 일제히 끊어짐.

5.27. 화요일, 맑음 마지막 항쟁.

03:00 • 탱크를 앞세운 계엄군이 시내로 진입 시작.

04:00 • 계엄군이 도청 주변 완전 포위, 진압 작전 전개.

05:10 • 계엄군, 도청을 비롯한 시내 전역 장악하고 진압 작전 종료.

06:00 • 계엄군, 시민들에게 "거리로 나오지 말라. 경찰과 공무원은 9시까지 소속 관서로 복귀하라."라고 방송.

1982 「님을 위한 행진곡」 작사, 작곡.

1983 5·18 민주화 운동 기념식에서 「님을 위한 행진곡」 부름.

1985 5·18을 최초로 기록한 『죽음을 넘어 시대의 어둠을 넘어』 출간.

1986 서울 명동성당에서 5·18을 담은 비디오 「오, 광주」 상영.

1987 6월 민주 항쟁.

천주교 광주교구, 광주 가톨릭센터에서 「5·18 사진전 ― 오월, 그날 이 다시 오면」 개최.

1988 국회, 5·18 민주화운동 진상조사특별위원회 구성, '광주 청문회' 열림.

1990 5·18 민주화 운동 관련자 보상 등에 관한 법률 제정.

1993 김영삼 대통령 5·13 담화에서 "5·18에 대한 평가는 후세의 역사에 맡기자."라고 발표.

1994 5·18 학살 책임자 고소 고발 운동, 5·18 문제 해결 5원칙 제시.

1995 5·18 민주화 운동 등에 관한 특별법 제정, 전두환·노태우와 12·12 군 사 반란, 5·18 민주화 운동 관련자들 '내란 및 내란 목적 살인죄'로 구속.

1996 12·12 군사 반란 및 5·18 내란 혐의 재판.

1997 5월 18일 국가 기념일 제정, 전두환·노태우의 내란 목적 살인죄 대법 원 확정 판결.

1998 광주에서 '아시아 인권 헌장 선언 대회' 열림.

1999 5·18자유공원 조성.

2000 광주인권상 제정.

2001 '5·18 민주 유공자 예우에 관한 법률' 제정.

2002 광주시립묘지가 국립5·18민주묘지로 승격.

2011 5·18 민주화 운동 기록물 유네스코 세계기록유산 등재.

2018 5·18 민주화 운동 진상 규명을 위한 특별법 제정.

1 네이버 뉴스 라이브러리(http://news. naver.com)

2 강준만『한국 현대사 산책』1970년대 편 1권, 인물과사상사 2002, 231면.

3 강준만『한국 현대사 산책』1970년대 편 3권, 인물과사상사 2002, 43면.

4 임영태·정창현『새로 쓴 한국현대사』, 역사인 2017, 317면.

5 강준만『한국 현대사 산책』1970년대 편 3권, 인물과사상사 2002, 261면.

6 조세희『난장이가 쏘아올린 작은 공』, 이성과힘 2000, 80면.

7 국사편찬위원회 우리 역사넷 「박정희 대통령에게 노동 조건 개선을 요구하는 전 태일의 편지」(http://contents.history.go.kr)

8 강준만『한국 현대사 산책』1970년대 편 3권, 인물과사상사 2002, 163면.

9 박정희『우리 민족의 나갈 길』, 동아출판사 1962, 226~27면.

10 김해원『오월의 달리기』, 푸른숲주니어 2013, 103면.

11 김영택「5·18 광주민중항쟁 연구」, 국민대학교 박사 학위 논문 2004, 98면.

12 육군본부 전투병과교육사「전교사 작전상황일지」, 1980. 5. 19.

13 김태진·강홍준·김현승「충정 훈련과 과잉 진압」,『중앙일보』, 1995. 12. 29.

14 문선희『묻고, 묻지 못한 이야기』, 난다 2016, 123면.

15 이재의의 증언, 전남대학교 5·18연구소 홈페이지.

16 김영택「5·18 광주민중항쟁 연구」, 국민대학교 박사 학위 논문 2004, 134면.

17 김영택『5월 18일, 광주』, 역사공간 2010, 302면.

18 최정운『오월의 사회과학』, 풀빛 1999, 96~97면.

19 황석영·이재의·전용호 지음, (사)광주민주화운동기념사업회 엮음『죽음을 넘 어 시대의 어둠을 넘어』, 창비 2017(개정판), 100면.

20 같은 책 102면.

21 신동휴의 증언, 전남대학교 5·18연구소 홈페이지.

22 임춘식의 증언, 전남대학교 5·18연구소 홈페이지.

23 정상용·유시민 외 『광주민중항쟁』, 돌베개 1990, 186면.

24 문선희, 앞의 책 134면.

25 한국기자협회 『5·18 특파원리포트』, 풀빛 1997, 24면.

26 왕현철 「80년 5월, 푸른 눈의 목격자」, KBS 2003.

27 김희윤 「5·18 때 광주로 잠입한 독일 기자, 그는 왜 망월동에 묻혀 있을까」, 『아시아경제』, 2017. 8. 3.

28 편집부 편 『윤상원』, 민주화운동기념사업회 2003, 144면.

29 5월문학총서간행위원회 편 『5월문학총서』 3권 희곡 편, 문학들 2013, 161면.

30 강준만 『한국 현대사 산책』 1980년대 편 1권, 인물과사상사 2003, 140면.

31 김철원 『그들의 광주』, 한울 2017, 309면.

32 5·18기념재단 기획 「아가 밥은 묵었냐」, 인디비전 2016.

33 안성례의 증언, 5·18기념재단 『5·18의 기억과 역사』 2권, 5·18기념재단 2006, 123면.

34 노성만 외 『5·18 10일간의 야전병원』, 전남대학교병원 2017, 175면.

35 양선희·오창규 다큐멘터리 「기억을 기억하라」, 5·18기념재단 2006.

36 최정운 『오월의 사회과학』, 풀빛 1999, 149면.

37 한국현대사사료연구소 『광주오월민중항쟁사료전집』, 풀빛 1990, 262~63면.

38 양선희·오창규 다큐멘터리 「기억을 기억하라」, 5·18기념재단 2006.

39 5·18기념재단 「유네스코가 말하는 5·18의 진실」, 2013.

40 황석영·이재의·전용호, 앞의 책 393면.

41 황석영·이재의·전용호, 앞의 책 374면.

42 박호재·임낙평 『윤상원 평전』, 풀빛 2007, 394~95면.

43 김영택 『실록 5·18광주민중항쟁』, 창작시대사 1996, 224면.

44 윤공희 외 『저항과 명상』, 5·18기념재단 2017, 117면.

45 양선희·오창규 다큐멘터리「기억을 기억하라」, 5·18기념재단 2006.

46 최정운『오월의 사회과학』, 풀빛 1999, 226면.

47 황석영·이재의·전용호, 앞의 책 419면.

48 한국기자협회『5·18 특파원리포트』, 풀빛 1997, 189면.

49 EBS「지식채널e — 여섯 명의 시민」, 2007.

50 문재인 대통령의 제37주년 5·18 민주화 운동 기념사 중.

51 F. A. 매켄지『조선의 비극』, 김창수 옮김, 을유문화사 1984, 179면.

52 한홍구「죽음의 자각 — 5·18민중항쟁 시기 죽음과의 대면이 민주화운동에 미친 영향」,『창작과비평』148호, 창비 2010, 19면.

53 박호재·임낙평『들불의 초상』, 풀빛 1991, 314면.

54 최정운, 앞의 책 229면.

55 베르톨트 브레히트『살아남은 자의 슬픔』, 김광규 옮김, 한마당 1998, 117면.

56 오월여성회『오월 여성의 이야기들』, 광주광역시 2003, 160~61면.

57 같은 책 49면.

58 윤공희 외『저항과 명상』, 5·18기념재단 2017, 57면.

59 김수환 외『5·18의 기억과 역사』5권 천주교 편, 5·18기념재단 2013, 401면.

60 안정숙「'광주 항쟁' 바로 알고 싶다.」,『한겨레』, 1988. 12. 10.

61 박래군『사람 곁에 사람 곁에 사람』, 클 2014, 28면.

62 강한「'민변 첫 여성회장' 정연순 변호사」,『법률신문』, 2018. 5. 8.

63 오창익「광주, 고립을 넘어 세계로」,『경향신문』, 2016. 5. 18.

64 케이트 샤츠『세계 곳곳의 너무 멋진 여자들』, 이진규 옮김, 티티 2018, 48면.

65 김형규「아르헨티나와 칠레의 독재 청산」,『경향신문』, 2018. 8. 1.

66 김영택「5·18광주민중항쟁 연구」, 국민대학교 박사 학위 논문 2004, 359면.

67 민주화운동기념사업회「역사 다시 보기 — 6월 민주 항쟁」, MBC프로덕션 2011.

68 김영택『5월 18일, 광주』, 역사공간 2010, 650면.

69 같은 책 658면.

70 같은 책 664면.

71 같은 책 651면.

72 같은 책 667면.

73 같은 책 650면.

74 광주광역시 5·18사료편찬위원회『5·18광주민주화운동자료총서』5권, 광주광역시 5·18사료편찬위원회 1997, 213면.

75 김홍태「나치전범 파퐁의 단죄 이끌어낸 佛역사학자 숨져」,『연합뉴스』, 2012. 12. 11.

76 김순배「파퐁, 무덤까지 따라간 나치 부역」,『한겨레』, 2007. 2. 20.

77 김순배, 같은 글.

78 어니스트 헤밍웨이『노인과 바다』, 김욱동 옮김, 민음사 2012, 104면.

79 5월문학총서간행위원회 엮음『5월문학총서』시, 문학들 2012, 18~23면.

80 김성재「김준태 시인, '아 광주여!' 비화 공개」,『광주 in』, 2009. 5. 14.

81 이황직「5·18 시의 문학사적 위상」,『언어세계』, 1996년 봄호, 209면.

82 5월문학총서간행위원회 엮음『5월문학총서』1권 시 편, 문학들 2012, 102면.

83 강대석『김남주 평전』, 한얼미디어 2004, 118면.

84 5월문학총서간행위원회 엮음『5월문학총서』2권 소설 편, 문학들 2012, 54면.

85 같은 책 12면.

86 같은 책 255면.

87 한강『소년이 온다』, 창비 2014, 22~23면.

88 현윤경「작가 한강『소년이 온다』는 큰 책임감 느끼는 작품」,『연합뉴스』, 2017. 10. 5.

89 한강, 앞의 책 95면.

90 백승찬「영화 '화려한 휴가' 김지훈 감독」,『경향신문』, 2008. 8. 13.

91 최연욱「피카소와 나치의 짧지만 강한 대화」,『행복한 부자』2018 4월호 fpcenter, 2018.

92 김상봉 「그들의 나라에서 우리 모두의 나라로」, 최영태 외 『5·18 그리고 역사』, 길 2008, 320면.

93 황석영·이재의·전용호, 앞의 책 491면.

94 「유네스코가 전하는 5·18의 진실」, 5·18기념재단 소장 영상 자료 2013.

95 5·18기념재단 자료집 「광주인권상, 민주주의와 인권을 위한 끝나지 않은 여행」, 5·18기념재단 2013, 80면.

96 배명재 「민주를 인양하라, 통일을 노래하라, 세월호 품은 '5·18'」, 『경향신문』, 2015. 5. 17.

97 김대홍 「자선 대신 자립, 빈민의 벗 와르다 하피즈」, 『오마이뉴스』, 2015. 5. 13.

98 5·18기념재단 공식 블로그(http://blog.naver.com/PostView.nhn?blogId=themay18&logNo=220390356906)

공통 참고 문헌

강준만『한국 현대사 산책』시리즈 전 권, 인물과사상사 2001~11.

광주광역시 5·18사료편찬위원회 엮음『5·18민중항쟁사』, 고령 2001.

김영택『5월 18일, 광주』, 역사공간 2010.

김영택「5·18 광주민중항쟁 연구」, 국민대학교 박사 학위 논문 2004.

5월문학총서간행위원회 엮음『5월 문학 총서』1~4권, 5·18기념재단 2012~13.

5·18기념재단『5·18민중항쟁과 정치·역사·사회』1~5권, 심미안 2007.

5·18기념재단『5·18 열흘간의 항쟁』, 5·18기념재단 2017.

임광호 외『5·18민주화운동』인정 교과서 중·고등학생용, 5·18기념재단 2008.

임영태·정창현『새로 쓴 한국현대사』, 역사인 2017.

전남사회운동협의회·황석영『죽음을 넘어 시대의 어둠을 넘어』, 풀빛 1985.

최정운『오월의 사회과학』, 풀빛 1999.

최호근·임광호·박상철「부담스러운 과거사 교육의 원칙에 관한 연구─5월 교육에 주는 함의」, 5·18기념재단 2016.

한강『소년이 온다』, 창비 2014.

한국기자협회『5·18 특파원리포트』, 풀빛 1997.

황석영·이재의·전용호 지음, (사)광주민주화운동기념사업회 엮음『죽음을 넘어 시대의 어둠을 넘어』, 창비 2017(개정판).

공통 참고 웹사이트

국립5·18민주묘지(http://518.mpva.go.kr)

국사편찬위원회(http://www.history.go.kr)

민주화운동기념사업회(http://www.kdemocracy.or.kr)

5·18기념재단(http://www.518.org)

5·18민주화운동기록관(http://www.518archives.go.kr)

전남대학교 5·18연구소(http://cnu518.jnu.ac.kr)

각 장 참고 문헌

1장

김보현 외 『5·18민중항쟁에 대한 새로운 성찰적 시선』, 한울아카데미 2009.

박정희 『우리 민족의 나갈 길』, 동아출판사 1962.

서중석 『서중석의 현대사 이야기』, 오월의봄 2017.

원풍모방노동운동사발간위원회·민주화운동기념사업회 기획, 김남일 정리 『원
　　풍모방 노동운동사』, 삶이보이는창 2010.

유시민 『나의 한국현대사』, 돌베개 2014.

EBS 다큐프라임 「민주주의」 제작팀·유규오 『민주주의』, 후마니타스 2016.

이영미 『동백아가씨는 어디로 갔을까』, 인물과사상사 2017.

이임하 『10대와 통하는 문화로 읽는 한국현대사』, 철수와영희 2014.

정용욱 외 『한국 현대사와 민주주의』, 경인문화사 2015.

조세희 『난장이가 쏘아올린 작은 공』, 이성과힘 2000.

한철호 외 『고등학교 한국사』, 미래엔 2018.

한홍구『유신』, 한겨레출판 2014.

한홍구『지금 이 순간의 역사』, 한겨레출판 2010.

2장

류승렬『뿌리 깊은 한국사 샘이 깊은 이야기』7권, 솔 2003.

역사학연구소『함께 보는 한국근현대사』, 서해문집 2016.

3장

공현·전누리『우리는 현재다』, 빨간소금 2016.

김진경『5·18 민중 항쟁』, 민주화운동기념사업회 2004.

김철원『그들의 광주』, 한울 2017.

문선희『묻고, 묻지 못한 이야기』, 난다 2016.

민주언론시민연합『민주언론, 새로운 도전』, 우리교육 2017.

박호재·임낙평『윤상원 평전』, 풀빛 2007.

손석춘『신문 읽기의 혁명』, 개마고원 2017.

장경화『오월의 미학, 뜨거운 가슴이 여는 새벽』, 21세기북스 2012.

편집부 편『윤상원』, 민주화운동기념사업회 2003.

4장

공현·전누리『우리는 현재다』, 빨간소금 2016.

김진경『5·18 민중 항쟁』, 민주화운동기념사업회 2004.

김해원『오월의 달리기』, 푸른숲주니어 2013.

문선희『묻고, 묻지 못한 이야기』, 난다 2016.

장경화『오월의 미학, 뜨거운 가슴이 여는 새벽』, 21세기북스 2012.

정상용 외『광주민중항쟁』, 돌베개 1990.

5장

가쓰라 아키오 『파리 코뮌』, 정명희 옮김, 고려대학교출판부 2007.

광주광역시 5·18사료편찬위원회 엮음 『5·18민주화운동』, 심미안 2016.

김영택 『실록 5·18광주민중항쟁』, 창작시대사 1996.

박호재·임낙평 『윤상원 평전』, 풀빛 2007.

(사)5·18민주유공자유족회 엮음 『그해 오월 나는 살고 싶었다』 1~2권, 한얼미
    디어 2006.

(사)5·18민주유공자유족회 엮음 『꽃만 봐도 서럽고 그리운 날들』 1~4권, 한얼
    미디어 2007~08.

5·18기념재단 『5·18의 기억과 역사』 2권, 5·18기념재단 2006.

5·18민중항쟁 사적지 답사기 편찬위원회 엮음 『그때 그 자리 그 사람들』, 여유
    당 2007.

자크 타르디·장 보트랭 『그래픽노블 파리코뮌』, 홍세화 옮김, 서해문집 2016.

한국현대사사료연구소 『광주오월민중항쟁사료전집』, 풀빛 1990.

6장

광주광역시 5·18사료편찬위원회 엮음 『5·18민주화운동』, 심미안 2016.

김영택 『실록 5·18광주민중항쟁』, 창작시대사 1996.

박호재·임낙평 『들불의 초상』, 풀빛 1991.

(사)5·18민주유공자유족회 엮음 『그해 오월 나는 살고 싶었다』 1~2권, 한얼미
    디어 2006.

(사)5·18민주유공자유족회 엮음 『꽃만 봐도 서럽고 그리운 날들』 1~4권, 한얼
    미디어 2007~08.

5·18기념재단 『5·18의 기억과 역사』 2권, 5·18기념재단 2006.

5·18민중항쟁 사적지 답사기 편찬위원회 엮음 『그때 그 자리 그 사람들』, 여유

당 2007.

윤공희 외 『저항과 명상』, 5·18기념재단 2017.

한국현대사사료연구소 엮음 『광주오월민중항쟁사료전집』, 풀빛 1990.

한홍구 「죽음의 자각─5·18민중항쟁 시기 죽음과의 대면이 민주화운동에 미
친 영향」, 『창작과 비평』 148호, 창비 2010.

F.A. 매켄지 『조선의 비극』, 김창수 옮김, 을유문화사 1984.

7장

강신석 외 『5·18의 기억과 역사』 7권 개신교 편, 5·18기념재단 2015.

광주전남여성단체연합·이정우 『광주, 여성』, 후마니타스 2012.

김수환 외 『5·18의 기억과 역사』 5권 천주교 편, 5·18기념재단 2013.

나간채 『한국의 5월 운동』, 한울아카데미 2012.

박구병 「'추악한 전쟁'의 상흔─실종자 문제와 아르헨티나 '오월광장 어머니회'
의 투쟁」, 『라틴아메리카 연구』 제19권 제2호, 한국라틴아메리카학회 2006.

박래군 『사람 곁에 사람 곁에 사람』, 클 2014.

베르톨트 브레히트 『살아남은 자의 슬픔』, 김광규 옮김, 한마당 1998.

오월여성회 『오월 여성의 이야기들』, 광주광역시 2003.

5·18민주유공자회 엮음 『5·18 성명서』 2권, 5·18기념재단 2012.

윤공희 외 『저항과 명상』, 5·18기념재단 2017.

진재일 외 『5·18의 기억과 역사』 8권 불교·원불교 편, 5·18기념재단 2016.

최영태 외 『5·18 그리고 역사』, 길 2008.

케이트 샤츠 『세계 곳곳의 너무 멋진 여자들』, 이진규 옮김, 티티 2018.

8장

광주광역시 5·18사료편찬위원회 『5·18광주민주화운동자료총서』 5권, 광주광

역시 5·18사료편찬위원회 1997.

김남철 외 『중·고등학생 5·18민주화운동』, 5·18기념재단 2013.

유시춘 『6월민주항쟁』, 민주화운동기념사업회 2003.

이용우 『프랑스의 과거사 청산』, 역사비평사 2008.

9장

박선욱 『거장의 귀환, 윤이상 평전』, 삼인 2017.

알랭 세르 『피카소, 게르니카를 그리다』, 김현경 옮김, 톡 2012.

5·18기념재단 엮음 『5·18 민중항쟁과 문학 예술』, 심미안 2006.

이황직 「5·18 시의 문학사적 위상」, 『언어세계』, 1996년 봄호, 1996.

정유하 『그래도 우리는 노래한다』, 한울 2017.

최영태 외 『5·18 그리고 역사』, 길 2008.

홍성담 『오월』, 단비 2018.

10장

5·18기념재단 자료집 「광주인권상, 민주주의와 인권을 위한 끝나지 않은 여
행」, 2013.

창비청소년문고 33

5월 18일, 맑음
청소년과 함께 읽는 5·18 민주화 운동 이야기

초판 1쇄 발행 • 2019년 3월 15일
초판 9쇄 발행 • 2023년 6월 29일

지은이 • 임광호·배주영·이민동·정수연
펴낸이 • 강일우
책임편집 • 김선아
조판 • 황숙화·박아경
펴낸곳 • (주)창비
등록 • 1986년 8월 5일 제85호
주소 • 10881 경기도 파주시 회동길 184
전화 • 031-955-3333
팩시밀리 • 영업 031-955-3399 편집 031-955-3400
홈페이지 • www.changbi.com
전자우편 • ya@changbi.com

ⓒ 5·18기념재단 2019
ISBN 978-89-364-5233-9 43910